凤鸣

校庆六十年征文
山东体育学院校报优秀作品精选

张云龙◎主编

1958—2018

奋进六十载　筑梦新时代

奋进山体 流金岁月 寄语母校 情满校园 青春山体

光明日报出版社

图书在版编目（CIP）数据

凤鸣：校庆六十年征文·山东体育学院校报优秀作品精选 / 张云龙主编. --北京：光明日报出版社，2018.10

ISBN 978-7-5194-4668-0

Ⅰ.①凤… Ⅱ.①张… Ⅲ.①体育教育—中国—文集 Ⅳ.①G812.5-53

中国版本图书馆 CIP 数据核字（2018）第 223998 号

凤鸣——校庆六十年征文·山东体育学院校报优秀作品精选

FENGMING——XIAOQING LIUSHINIAN ZHENGWEN · SHANDONG TIYU XUEYUAN XIAOBAO YOUXIU ZUOPIN JINGXUAN

主　　编：张云龙

责任编辑：章小可　　　　责任校对：赵鸣鸣

封面设计：中联学林　　　　责任印制：曹　诤

出版发行：光明日报出版社

地　　址：北京市西城区永安路 106 号，100050

电　　话：010-67078251（咨询），63131930（邮购）

传　　真：010-67078227，67078255

网　　址：http：//book.gmw.cn

E - mail：zhangxiaoke@gmw.cn

法律顾问：北京德恒律师事务所龚柳方律师

印　　刷：三河市华东印刷有限公司

装　　订：三河市华东印刷有限公司

本书如有破损、缺页、装订错误，请与本社联系调换，电话：010-67019571

开　　本：170mm×240mm

字　　数：277 千字　　　　印　　张：15

版　　次：2019 年 1 月第 1 版　　　　印　　次：2019 年 1 月第 1 次印刷

书　　号：ISBN 978-7-5194-4668-0

定　　价：58.00 元

编辑委员会

前　言

“凤凰鸣矣，于彼高岗。梧桐生矣，于彼朝阳。”

济南凤凰山下的山东体育学院，根植齐鲁沃土，以立德树人为根本任务，积极进取，奋发向上，秉承“坚卓竞远”校训和“严勤创实”校风，积极践行“对接需求、协同创新、集聚特色”的发展理念，不断拓宽办学思路，提升办学层次，培养了大批优秀体育人才，各项事业快速发展并取得突破性成就。

2018 年是山东体育学院建院 60 周年。60 年风雨历程，山东体育学院注重以文化人、以文育人，精心打造校园文化品牌。《山东体院报》在宣传党和国家的政策理论、记录学院办学光辉历程、传承学院优秀文化等方面发挥了重要作用。2011 年，在光明日报出版社的支持下，我们将校报文艺副刊部分优秀作品结集出版为《凤溪》。为进一步促进校园文化繁荣发展，2018 年，学院在庆祝 60 年校庆之际，再次得到光明日报出版社的关爱，将“我与体院六十年”的优秀征文和校报 2011 年以来文艺副刊的优秀作品结集出版为《凤鸣》，寓意山东体育学院将站在新的起点上引吭高歌，展翅飞翔，创造新的辉煌。

《凤鸣》共分五部分：奋进山体、流金岁月、寄语母校、情满校园和青春山体。其中，第一、二、三、五部分为“我与体院六十年”优秀征文作品，第四部分为校报文艺副刊已经发表的优秀作品。《凤鸣》稿件来自学校现任党政领导、离退休党政领导、在职和离退休教职工、校友和在校学生。收录作品内容丰富，情感真挚，既有对过去时光和岁月的回忆，也有对当前学校建设发展的认识和关注，还有对学校未来的展望和憧憬，表达了山东体育学院全体师生员工和广大校友对学校的深厚情谊和对学校美好明天的良好祝愿。

甲子轮回传薪火，梦想放飞再起航。山东体育学院将深入贯彻落实党的十九大精神，坚持以习近平新时代中国特色社会主义思想为指导，不忘初心，牢记使命，积极建设国际知名、国内著名、特色鲜明的应用型专业体育院校，为体育强国、体育强省建设做出更大的贡献！

《凤鸣》在组稿、编辑出版过程中得到了各级领导的亲切关怀和各部门的大力支持，得到了广大师生员工和校友的真挚关爱，在此，我们表示诚挚的谢意！

由于时间仓促，加之编者水平有限，书中不当之处在所难免，恳请广大教职员工、校友和关心支持山东体育学院发展的各界朋友批评指正。

编者

2018年7月16日

目　录

CONTENTS

奋进山体

奋进新时代　阔步新征程

王　毅

快速行进中的山东体育学院，每一段岁月都沉淀着历代山体人的艰辛努力，每一步前进都凝聚着无数山体人的坚韧、执着，每一个畅想都昭示着当代山体人的孜孜以求。

在山体“三合一”期间，我曾于2006—2010年担任过四年半的副院长，主持东校区管委会工作，可以说是在山体成长起来的干部。2015年8月带着一颗感恩和虔诚的心，我又回到学校。从长期从事竞技体育和体育科技教育宣传等业务工作，到担任高校专职党委书记，我深知身上的担子重如泰山。能否带领党委一班人集聚大家的智慧，谋划好学校未来的发展，对我和党委一班人来说是一个巨大的考验。当年12月23—24日，学校召开了发展战略务虚会，41位同志建言献策，其中不乏睿智之谋，奇葩之策。大家想发展、谋发展、促发展的热情，让我震撼。山体人的传承和精神，进一步让我坚定：只有初心不忘，才能继往开来。在建院60年学校再启征程之时，回顾校史，总结经验，意义尤为重大。

回顾山体60年的发展历程，坚持党的全面领导是学校发展的根本保证。如果把学校比作一艘船，那么在行进中把舵定向的，就是党委。党委总揽学校改革发展稳定的全局，统一领导学校的工作，积极支持校长开展工作。正如习近平总书记在党的十九大报告中指出：“党政军民学，东西南北中，党是领导一切的。”学校党委在长期的办学实践中充分认识到，贯彻落实党委领导下的校长负责制，首要是毫不动摇地坚持和加强党的全面领导，承担好管党治党和办学治校的主体责任，着力在“把方向、管大局、做决策、保落实”四个方面下功夫，才能始终与国家发展和民族未来紧密联系在一起，才能牢牢把握社会主义办学方向，才能完成好培养新时代社会主义事业建设者和接班人的重要使命。

回顾山体60年的发展历程，坚持科学理念是学校发展的关键所在。布局决定格局，格局决定结局，思路决定出路。在经济社会转型期，学校要强抓机遇更好升级,必须坚持对接需求、协同创新、集聚特色的发展理念,这是“引航灯塔”和灵魂所在。从哲学的角度看,任何事物和人存在的根本价值,就在于其被需求的程度。不被需求就是无效供给,就是价值不大,就会被边缘化。作为体育院校,地方经济社会和体育事业发展对体育专业人才的需求就是我们存在的根本价值所在,必须全面主动推进以需求为导向的人才培养模式转型。作为专业院校,更要注重开放办学,协调整合校内外各类优质资源,推进“产学研政”协同融合,共享创新发展的过程和成果。此外,要牢记体院姓“体”,只有围绕一个“体”字,尽洒独特之色,才能特色立校、特色强校。只有这样,才能不断提高体育专业人才和智力产品的有效供给,更好地履行社会责任,服务国家社会,提升学校根本价值和美誉度。

回顾山体60年的发展历程,坚持立德树人是学校发展的立身之本。基础不牢,地动山摇。学校为教学而建,立德树人永远是学校的根本任务,也就是基础的核心任务。现代大学的功能虽在不断拓展,但人才培养的中心地位始终没有改变,也不可能改变。正是有了人才培养这个根基,才逐渐衍生出科学研究、文化传承、服务社会、国际交流等其他大学功能。现在很多人都在呼喊要回归大学精神,怎么回归?抓住立德树人这个根本,就是回归大学精神,也就抓住了高等教育最为本质的特征,“培养什么人、为谁培养人、怎样培养人”这个中国特色社会主义教育事业发展中的根本问题也就解决好了。所以,要坚持把立德树人的成效作为检验学校一切工作的根本标准,真正做到以文化人、以德育人,不断提高学生思想水平、政治觉悟、道德品质、文化素养,做到明大德、守公德、严私德,才能培养出合格的社会主义建设者和接班人。

回顾山体60年的发展历程,坚持队伍建设和创新平台建设是学校发展的重要保障。“人能尽其才则百事兴”。一所大学的发展,离不开一支强大的人才队伍特别是师资队伍。而创新平台建设则是引进、留住、培养人才和人才团队健康成长的必要条件,同时也是学校协调融合各类校内外资源创新发展的关键。这两者互相协调促进,缺一不可。近年来的发展充分证明,抓好人才队伍和创新平台建设这个“牛鼻子”,就会起到纲举目张的效果。继续抓住这两个关键点持续用力,在育才、引才、聚才、用才方面加大力度,发挥教师队伍和创新平台在学校发展中的基础性、战略性和决定性作用,用好的平台培养好的人才,用好的人才在好的平台上培育好的学生,最终实现人才效益,提升学校整体实力和美誉度。

回顾山体60的发展,是无限荣光,更是责任担当和历史使命。正所谓:风劲潮涌,自当扬帆破浪;任重道远,更需策马扬鞭。让我们以60年校庆为契机,站在历史新起点上，遵循“坚卓竞远”的校训和“严勤创实”的校风，进一步坚定信心、振奋精神，在传承中发展，在发展中创新，一步一个脚印，撸起袖子加油干，努力把学校建成国际知名、国内著名、特色鲜明的应用型专业体育院校，谱写出新时代山东体育学院新的壮丽乐章！

（作者为山东体育学院党委书记）

做有精神的山体人

毛德伟

2018年6月13日和15日，学校在日照和济南两个校区分别举行了2018年毕业典礼，我作为院长致辞。这是我任院长以来，送走的第一届毕业生，一共1767名。看着一张张年轻成熟而又充满憧憬的脸，听着他们为庆祝顺利毕业的激情欢呼，感受着他们在给老师献花时流下的不舍泪水，想着他们即将独自勇闯天涯，我心中杂陈百味，有诸多难以言表的触动，也有诸多无尽的思考。

越是庄严神圣的光辉时刻，越要回首过去，懂得感恩。每个人从呱呱坠地，成长到大学毕业，20多年来的每一步都离不开众人的关心关怀。父母，无怨无悔的付出；老师，无微不至的呵护；同学，寒窗苦读的相伴；朋友，不离不弃的坚守……如甘泉濡湿着成长的岁月、丰盈着年轻的生命，让青春可以感怀、能够回味。回首我个人的工作历程，也正是组织的关怀、党委的信任、同志的支持才能够让我不断进步。对此，我充满了感恩，我知道兢兢业业、克己奉公的工作是最好的感谢方式。

越是富有特殊意义的重要时刻，越要把握现在、知道珍惜。毕业典礼前一段时间，在学校大门、图书馆前、教学楼内、运动场上、训练馆中，随处可见拍照留念的毕业生们。我知道，这是大家在用各种方式向自己的大学生活告别，向丈量自己成长脚步的这片土地告别。他们舍不得离去，也不知道何时再归。四年来，校园里的一草一木、一桌一椅、一楼一宇，见证了他们对山体的不离不弃，见证了他们创造的一份又一份佳绩。正是他们，滋润和丰富着大学精神和校园文化，学校才有了灵魂和持久的活力，才凝结成了山体所特有的历史和传承。他们，不仅延续了山体昨天的传统，还创造了山体今天的辉煌，更托起了山体明天的希望。所以在工作中，我们要继续坚持以人为本，以人才培养为核心，认认真真地服务学生。我相信，他们必将成长为祖国栋梁。

越是历史发展的关键节点，越要展望未来、坚持奋进。新时代我们山体人要不忘初心，继续坚守大学精神，以自由的灵魂、高尚的追求，面对当下，勇闯未来。这样，即使经历失败之后，也能够迅速爬起来继续向前，找到自我，把平凡的事情做得不平凡，把难做的事情做到成功，创造多彩而辉煌的人生！要继续弘扬体育精神，以坚忍不拔的意志，成熟理性的心智，迎接挑战，敢于超越。合格的体育人是“文明其精神、野蛮其体魄”，具有健康的身心、丰厚的文化底蕴和良好的人文素养，具有不达目的誓不罢休的无畏气概，具有无往而不胜、无坚而不摧的品质。要继续传承山体精神，以“坚卓竞远”的校训、“严勤创实”的校风，激励自我，踏实进取。我们只要保持这种“永不言败、永不放弃”的意志和豪情，敢于超越自我，超越前人，必将创造出无愧于历史的业绩。

2018 年恰值学校甲子诞辰，从 1958 年到今天，一代代山体人一步一个脚印，筚路蓝缕，艰苦创业，自强不息，开拓进取，成就了今天的辉煌。今年是新时代元年，未来几年是我国全面建成小康社会的关键时期，也是我们能否建成“国际知名、国内著名、特色鲜明的应用型专业体育院校”的关键时期。越到关键时候，越要顶得上去，久久为功，不仅要继承好这 60 年的光荣传统，更要在新时代把事业发扬光大。

有精神的山体人更有不竭的动力，有精神的山体人更有勃发的激情。让我们山体人载梦再启航，勇立潮头谋新篇！

（作者为山东体育学院党委副书记、院长）

六十年峥嵘岁月　山体情浓

燕志夫

我是山东体育学院的学生，后来又到山东体育学院工作，直到退休。60 年，学校历经风风雨雨，不断进步，不断发展。看到学校取得了各项突出成绩，看到学校更加美好的发展前景，我由衷地感到高兴。

1958 年，山东体育学院成立，我是五年制中专部的学生。毕业前进入省体委机关实习，因为表现突出，毕业后进入省体委工作。当时被省委组织部列为重点培养的干部。我觉得自己很幸运，工作更加主动、更加努力。1978 年山东体育学院恢复建院时归省体委主管，最后确定在文化西路 2 号院办学。山东体育学院当年办学条件非常简陋，老师和学生的学习、工作环境非常艰苦。没有训练场，老师就带着学生在马路上上课。后来省体育场划归山东体育学院，办学条件才慢慢有了改善，学校也开始慢慢发展起来。

1991 年，我由省体委调至山东体育学院任党委书记。重回学校，感觉像回家一样。当时学校学生规模 500 人左右，一个学校，一个系，一个专业，被戏称为"三个一学校"，无论是办学规模还是办学条件，都被认为是一所"不太像样"的大学。所以学校必须要发展，不发展就没有前途。

高等学校的根本任务是培养人才。人才培养质量是衡量高等学校办学水平最重要的标准。学校要始终坚持"立德树人"，培养有道德、有责任感的人才。台湾地区以道德教育为本的忠信高级工商学校的校长高振东的一句话我非常赞同，那就是"老师爱学生就是爱国家"。"天下兴亡，我的责任"的意识应该强化，要让老师们明白，让学生明白，读书成才要报效国家，要为国家的建设发展做贡献。应该怎么加强学生的思想政治教育？我觉得要真正了解学生、爱护学生才能有效引导学生。后来学校实行院领导联系学生三条原则：即院级领导每周要参加一次学生的班会，了解学生在想什么、关心什么；每周听一次课，了解教师的教学情况、学生的学习情况；每周到食堂帮餐一次，看看学校的伙食怎么样，学生能不能吃饱吃好。深入教学和生活一线,掌握最真实、最全面的情况,才能更好地发现问题并有针对性地解决问题。我每次听课、参加班会后都有记录,有时间常翻一翻、看一看,哪些问题解决了,哪些问题没解决。没解决的原因是什么,应该采取什么措施更有效。那一段时间我经常和老师、学生交流,更全面地了解了学生、了解了辅导员、了解了教师,拉近了与师生之间的距离,加深了与师生之间的感情,我觉得对进一步做好学生思想政治教育工作是很有效的。

山体的老师敬业、团结,在困难和任务面前都能做到齐心协力、敢于担当。学生是学校的主体,进入到山东体育学院,家长对其寄予厚望,我们要确保学生安全健康、顺利入学、顺利毕业。我刚到山东体育学院时,学校一共有七八个辅导员,辅导员人数比较少,学生的学习、生活、思想等各方面的工作头绪多,辅导员工作很辛苦。为了了解学生的情况,我就做了几个家常菜,请辅导员们到我家里吃了顿饭,大家一起聊聊天、谈谈工作和生活。那晚,辅导员们聚在一起都很高兴,围绕着学生工作谈了很多,也提出了许多有益的意见和建议。看到辅导员们年轻而充满活力的脸庞,我很感动,鼓励他们坚守一线,增强做好学生工作的决心和信心,不断提高工作水平。

我现在已经退休 20 年了,真切地看到了学校的发展和变化。几十年后的今天,山东体育学院坚持内涵发展、质量立校、对接需求、协同创新,不断更新教育观念,拓宽办学思路,提升办学层次,使办学水平和办学效益有了极大的提高,办学条件有了明显的改善,学科建设取得了长足进步,各项事业取得了突破性成就和快速发展。尤其是进入"十三五"以来,学校深入贯彻党的教育方针,落实"立德树人"的根本任务,主动对接"体育强国"的宏伟目标,深化产学研政协同创新,持续推进特色一流学科专业建设,全面提升综合实力与核心竞争力,积极建设国际知名、国内著名、特色鲜明的应用型专业体育院校,展示了学校巨大的发展潜力。山东体育学院从一所"不太像样"的学校,发展成一所非常像样的学校了,这是之前我们想也想不到的。

学校的成绩有目共睹,我们那一届的同学在见面时经常聊到山东体育学院,对母校给予了高度的关注。每次我都会详细地介绍学校的发展情况,大家都感到非常高兴。在学校建校 60 周年之际,同学们都想要回到学校,亲眼看看学校的校貌,表达一位老校友对学校的美好祝愿。无论多少年,无论身处何方,大家对学校的感情不会变,都会记得自己永远都是山体人。

(作者为山东体育学院原党委书记)

长相思·贺建院六十周年

赵鸿基

山迢迢，
水迢迢，
风雨兼程路遥遥。
岁月催人老。

心迢迢，
梦迢迢，
初心不忘胆气豪。
喜登彩虹桥。

（作者为山东体育学院原党委书记）

回眸历史　六十年风雨铸辉煌

于学田口述　孙亚儒整理

源泉之水,碧波荡漾,济南校区历史文脉薪火相传。

骄阳海滨,活力四射,日照校区时代发展朝气蓬勃。

——题记

2018 年,山东体育学院迎来她的 60 华诞。60 年的潜心发展,是 60 年的桃李芬芳,也是 60 年的春华秋实! 几代山体人,以拼搏进取的精神创造了瞩目的成绩,用责任和担当书写着山体发展史上不朽的篇章。

从 1998 年到 2006 年的这九年,是一段激情燃烧的岁月,山体人在山东这片神奇的土地上,用自己的青春和汗水谱写艰苦创业的辉煌乐章,用自己独特的勇气和信心把体育事业的发展不断推向新高度。1998 到 2006 年,山东体育事业取得了令人瞩目的成绩:全民健身运动的蓬勃发展、九运会总分再创新高、曼谷和釜山亚运会成绩历史之最、鲁能泰山获"双冠王"和"双杯王"、悉尼奥运会实现金牌"零的突破"、雅典奥运会历史性迈进、十运会达到新辉煌、山东体育学院跨越式发展、省体育中心改造、体育彩票迅猛崛起、山东成功申办第十一届全运会。翻开历史的画卷,我思绪万千,回望山体 60 年发展,我更是无限感慨。

为了山东体育学院的发展讨个官

我刚任山东省体育局局长的时候,正值山东体育学院面临改制与发展的瓶颈期。当时学院仅有一百零几亩土地和一千多名学生,这样的规模与山东这样的体育、经济大省非常不匹配。我感觉到山东体育学院理应发展成为山东体育教育的中心,要想实现这一目标,就必须实现跨越式发展。山东要变成体育强省,还有一段距离,在竞技体育方面与先进省有一定差距,而对山东向经济大省强省跨越有着很重要作用的群众体育、体育教育发展也远远不够。为了山东体育的发展，我向时任分管体育和教育的邵桂芳同志提出兼任山东体育学院党委书记的请求，被组织应允了。

上任后的我，首先面临的是山东体育学院如何发展的问题。我清楚地知道，体育学院要想发展，面临的阻力是非常大的。在走访的时候，有的人对学院能否建成一个万人体育大学持否定态度。我就明白了一个道理：山东体育学院要想发展，首先是思想的解放问题。事实也证明，思想的不断解放，改革的不断深化，是山东体育学院不断实现跨越式发展的必然选择。

2004 年的亚洲足球杯，可以说成为了山东体育学院走向大跨越的一个起点。那时，省委主要领导找我谈话说，2004 年的亚洲足球杯要向全世界转播，但省体育场设施陈旧，周边环境也比较差，需要改造。我经过思考后提出，省体育场可以改变，周边破旧建筑可以拆掉没问题，但是我需要在日照要几百亩土地，办一个山东体育学院日照校区，把现在的体育学院进行改制，同时在济南东部再建学校大本营。得到领导认可以后，我去省长办公会汇报，附带着提出了三条要求：第一，请求省里在济南东部划一千亩土地，建立新的山东体育学院，作为一个大本营；第二，在日照办校区；第三，在老校区为教职工建职工宿舍。在省长办公会上，负责建校的一个部门负责同志认为我的要求太高，持否定意见。我当时很生气，和该同志发生了争执。省长也生气地拍了桌子，经过深入思考后最终从全局出发，赞同了我的想法，表示愿意支持山东体育学院的发展，并要求各部门集全省之力办好 2004 年亚洲足球杯。

从不理解到积极响应

办好 2014 年亚足杯比赛，就要先完成体育场改造，就要建新的职工宿舍以安置因体育场周边建筑拆除而失去住所的住户，就要在日照办校区，解决学生面临的上课等一系列问题。决定要在体育学院老校区建新宿舍，面临的第一个大问题就是如何让师生员工接受把体育学院老校区推平的现实。因为大家都对老校区有很深的感情，本来好好的学校，突然全部夷为平地，很多教职工内心都难以接受。当第一天把体育场推平后，很多人写信到省长办公室纷纷表达不满。分管省长询问我原因，我做了解释。说实话，看到这些上访信后，尽管心里也能完全理解他们的想法，但也清楚地知道，要想真正把山东体育学院发展好，必须坚持。从省委办公厅回到学校，我还是要求把学校草坪也推掉了。我对他们说：“有问题我来承担。”三天以后，一封上访信也没有了。原来有些人在门口贴了大字报，要通过游行的方式表达抗议与不满。当时，我正在北京出差，听到这个消息后，赶回到学校，约准备游行的负责人谈话。后来，有些参与的人想要辞职，我便对他们说：“请你们相信我！第一，我不会打击报复任何人。我这个人干了一辈子的人事工作，我希望留住人才。第二，思想的解放需要一个过程，认识的统一也要有个过程。我能理解你们的一些过激做法，而这些是需要时间来证明的。”这个事件就此平息了。

在做出动员教职工迁往日照校区办学决定的时候，很多老师给我打电话，表示自己家中困难不能去。我对他们一一回复，说明去日照校区是自愿申请的。我觉得要有很好的机制才能起到激励作用，而不是采用强制的方式。我提出给去往日照校区的职工提高每天的生活补贴与交通补贴，尽力满足去往日照校区工作的教职工的各种需求，同时招聘新进教师直接前往日照工作。政策一出台，很多教职工表示愿意去日照工作。当时，往日照校区搬家的队伍也是浩浩荡荡。

实现跨越式发展

抓住机遇不断深化改革是体育学院发展的前提。如果说2004年亚洲杯比赛是山东体育学院跨越式发展的一个起点，那么改制，是山东体育学院跨越式发展的一个关键。建日照校区的时候，学院资金不足。日照校区的建设大约花了3亿8000万元，借了2亿多元，还欠6000多万元，体育局拨出5000多万元予以支持，终于把日照校区建成。学校的规模扩大了，生源扩大了，但是债务也多了。如何来消化这些债务？经研究讨论，最后决定把山东体育学院大本营仍然放在济南，在日照办独立学院，实行股份制。同时，在青岛办一个田径为主的校区，在聊城、菏泽、枣庄办一个民族传统体育武术散打等专业的学校。改制的时候，体育学院没钱，就向全国进行招标。但是我们在中国体育馆等了15天，没有一个来招标的。后来，学校通过以债转股的形式，与几个公司共同出资设立了山东体育学院日照校区。日照校区的改制在当时的历史条件下，对学院的稳定和发展是有利的，它既稳定了学校的教学秩序，又有效缓解了银行贷款和基建欠款的压力。

学校改制以后，众说纷纭，很多人不明真相。有的人私下议论，日照的土地能值150万一亩，13万一亩卖给别人，他们肯定赚大了。面对这种情况，我也不能一个个去解释，我能理解他们并非全明白地方这些政策。我有时候和同志们讨论，谈到这个地确实值150万一亩甚至更多，但是这个地必须是房地产用地才值这个钱。土地值不值钱,有三个要素,第一个要素是看土地的性质,即是划拨还是出让,这是相差很大的。划拨当时才 3 万或 5 万块钱一亩,出让则很多。第二是用途,建设足球场,这块地再好也值不了多少钱,如果建成商品房卖那就能值很多钱了。第三个是容积率多少。假设这块地建成 100 平方米的房子,再好再贵能卖多少钱,如果盖十万平方米的房子,那就值很多钱了。我们这个地是教育用地,尽管是出让性质,但却是办学校、建操场的教育用地,是不准许买的,随便更改土地用途和性质,是犯罪。现在,很多同志见到我都肯定了我当年的做法。大家都说是我让山东体育学院实现了跨越式发展。我觉得,山东体育学院的发展,归功于各级党政组织的关心,归功于山东体育学院历届领导班子,得益于省体育局历届领导班子的关心、支持。可能在关键的时候,我起了点关键的作用,但这不是一个人的作用,应该是大家共同努力的结果。

有付出才有感情 日照校区是我的家

我对山东体育学院的一草一木都有很深的感情。日照校区建设前是很荒凉的。为了庆祝校区开工建设,一位同志用三轮车买了一些鞭炮,热热闹闹的鞭炮声在空旷的土地上响起的声音至今还让我记忆犹新。校区建设期间,我只要晚上回去,都要先让司机用探照灯照一下,看看楼、操场建成什么样了。现在,我们体育学院的老师在日照校区有宿舍,而在济南老校区也建成了“体育嘉苑”住宅区。解决了体院职工住房难的问题,我总觉得,心里高兴,有些压力,有些困难算不了什么。

退休之后,我平时就穿着老头衫成为一个普通人,谁也不认得我是当年体院的领导干部了。闲来无事的时候,我常在日照校区散步,看到这里的老师、学生都感觉跟看着自己的亲人一样。有一次,一个学生头发留得很长,我走过去问,你的头发怎么这么长呢? 这个孩子说:“老师您是干什么的?”我说我是单位退休职工。他就边跑边说:“知道了,知道了。真是个爱管闲事的老师。”还有一天晚上,一对校外的小两口,牵着小狗到操场上去散步,小狗在操场上大小便。有位山体的老师看到后,便对他们说不能把狗牵到操场上随意大小便。可小两口以操场没有禁止狗入的提示牌子为理,跟那位老师吵了起来。我看到这一幕,就赶紧走过去讲道,这是公共场所,带着小狗大小便不讲道理、没有公德。最后,那对小夫妻悻悻地走了。能为维护学校的卫生和秩序说几句话,我觉得也很好。

现在,每当我漫步在日照校区校园里的时候,常常感慨时间飞逝。一眨眼工夫,几十年都过去了。可我在山东体育学院任职的这八年时间,却成了我生命中一段珍贵的记忆。每当看到如今的山东体育学院在社会各界大力支持和全体教职工的努力下,桃李芬芳,贤达辈出,成果丰硕,我都感到非常欣慰。

60年来,山体所取得的每一步发展,所创造的每一个辉煌,都归功于党和国家的大好政策,归功于历届领导班子的运筹帷幄,归功于一代代山体人的勇往直前和艰苦奋斗。成绩属于过去,逐梦唯有笃行。与时俱进的山体人要以庆祝建校60周年为契机,严守“坚卓竞远”的校训,传承“严勤创实”的校风,牢牢把握山东“走在前列”的目标定位,不忘初心,继续前进,为山东体育教育事业发展做出应有的贡献。

(口述者为山东省体育局原局长、党组书记,山东体育学院原党委书记)

难忘的记忆　深深的祝福

张洪涛

在山东体育学院迎接建校60周年之际，谨以此文，表达我作为一名山体老校友的致贺之意。

2006年2月，我任山东省体育局局长、党组书记，山东体育学院党委书记，直至2013年4月离任，我有幸和山东体育人共同经历了一段充满体育激情的岁月。那些时光虽然都已离我们远去，但当年的情景仍历历在目，难以忘怀。

我来到省体育局工作时，正值山东体育学院日照校区建成并投入使用之际。在日照海滨的凤凰岭上建起的这座崭新的校园，为山体的大发展奠定了基础。2005年，山东体院又迎来了新的发展机遇。这个机遇，源自山东省承办的第十一届全国运动会。对承办第十一届全运会，省委、省政府高度重视，在举全省之力抓好十一运筹备工作的同时，做出了建设体育强省的一系列决策部署，拉开了山东省竞技体育、群众体育和体育产业大发展、大振兴的序幕。在此期间，为彻底改变山东竞技体育比赛训练设施陈旧老化的状况，省委、省政府决定以十一运为契机，为我们在济南新建一座大型体育基地，并把这个任务交给了省体育局。

为落实这一任务，从2005年下半年开始，时任局长于学田同志多次主持召开局党组会进行研究，确定了以下思路：一是在规划建设十一运省建比赛训练场馆的同时，争取省里批准新建山东体院济南新校区；二是省建比赛训练场馆和山东体育学院新校区力争与十一运主会场及配套设施统一规划建设，以利于搞好赛后综合利用；三是成立基建领导小组及其办公室，落实工作任务。会上，于局长提出让我担任基建领导小组组长。因我从未管过基建工作，觉得自己难以胜任，建议由于局长或党组的其他同志担任。但党组没有同意我的意见。2005年9月30日，省体育局基建领导小组正式成立，由我任组长，叶国雄同志任第一副组长，李政、赵效为同志任副组长，李文建、单兆升等同志为成员。

在局党组的领导下，基建组当时的主要任务是提出工程建设内容和工程选址方案。在工程建设内容方面,我们遇到的最大难题是能不能把山东体院新校区建设列入计划。持不同观点的省有关部门的意见是,省里用于省建比赛训练场馆的资金有限,只有十亿元左右,用这些资金把一大批比赛训练场馆建起来已经很不容易了,哪有余力再为体院建设新校区。可是,如果我们不抓住承办十一运这个千载难逢的机遇把体院新校区建起来,将是我们这一届班子遗憾终生。为了不留遗憾,于局长带着我们多次向省政府领导汇报,要求增加投资。省领导告诉我们,为迎接十一运,省里不仅要建奥体中心等大型体育设施,还要对济南市进行升级改造,按目前省里的财力,难以安排。鉴于这种情况,局党组果断决定,将今后几年山东体育彩票公益金省内留成的大部分用于新校区建设。省政府最终同意了这个意见。2005 年 9 月 26 日时任省长韩寓群同志,主持召开省长办公会,批准了《十一运省建比赛训练场馆及山东体院新校区规划建设方案》,这对我们来说真是个大喜讯。在选址问题上,当时主要有两种意见:济南市主张将奥体中心建在济南西郊,将省建比赛训练场馆和山体新校区建在济南长清大学城附近;省委、省政府领导的意见则是在经十东路南北两侧选址,以促进济南东部新区的开发建设。后来,在省委、省政府主要领导主持召开的现场会上,确定将十一运所有新建体育设施全部建在济南东部。

2005 年 12 月 13 日,山东省发改委以 2005 年 245 号文件正式批复了《第十一届全运会省建济南赛区比赛训练场馆及山东体育学院新校区项目建议书》,批准项目总建筑面积控制在 20.4 万平方米以内,总投资控制在 11.8 亿元以内,用地面积控制在 1000 亩以内。其中,山东体育学院济南新校区按在校生规模 5000 人进行规划设计,包括综合教学楼、综合训练馆、图书馆、办公楼、学生餐厅和宿舍等,单体建筑 16 个,总建筑面积 10.1 万平方米,总投资 4.99 亿元(不含征地费用),占地 24.29 公顷(354.35 亩)。后来,经我们做工作,省里又追加批准建设室内外射击场、馆,飞碟靶场,自行车和小轮车赛场,曲棍球场(两片),棒球场(两片),垒球场(两片)等项目。总投资增加到 12.82 亿元,用地面积再增加 500 亩(该地块大部分用于了省竞技体校及其射击、自行车室内外场馆建设),总用地面积达到 1500 亩。

2006 年 1 月 25 日,经省政府时任副省长赵克志同志和时任副省长张昭福同志同意、省发改委批准,基建领导小组以邀请招标方式邀请了中国建筑设计院、上海现代集团建筑设计院、清华大学设计院、上海同济大学设计院、华南理工大学设计院、德国罗昂建筑设计有限公司共六家国内外著名建筑设计院,对省建十一运比赛训练场馆(以下简称省建场馆)和山东体育学院新校区(以下简称新校区)进行规划设计。2006 年 3 月 28 日，筹建领导小组召开了详规设计招标开标仪式并组织了专家评审。当天下午，省体育局和山东体育学院的领导，各处、室、系、所负责人和部分教职工代表对设计方案进行评审，提出意见建议。两天后，我又委托时任院长叶国雄同志召集体院领导，各处、室、系、所负责人对体院新校区规划设计方案做进一步讨论、评议，并将大家的意见反馈给基建领导小组和设计单位，做进一步修改。2006 年 5 月 16 日，经过第一轮筛选，华南理工大学设计院、上海现代集团建筑设计院和德国罗昂建筑设计有限公司的设计方案进入第二轮评审。时任副省长张昭福同志主持了第二轮评审。2006 年 5 月 28 日，时任国家体育总局局长刘鹏同志、副局长段世杰同志专程来到济南，他们在时任山东省委书记张高丽同志和省长韩寓群同志等省和济南市主要负责同志陪同下，对十一运省建场馆和新校区的总体规划、设计方案进行终审评定。于学田同志也参加了这次评审。经总局领导和省市领导现场评议，最终决定采用上海现代集团建筑设计院的第二套规划设计方案，同时吸纳了其他方案中的优秀设计成果。从这一天开始，工程进入了实施阶段。

在工程建设中，我们遇到的第一个大难题就是征地。省里确定我们将要征用的这片土地分别属于济南市历城区港沟镇的一村、二村、三村、安家村、潘家村和田庄村，其性质属于“耕地”。而国家对耕地的管理极为严格，即使变更一亩耕地的用途也要经过国务院批准，何况我们要征用的是近 1500 亩耕地。另外，在征地过程中，做通这六个行政村村委和村民的工作难度也非常大，如果其中的任何一户不签字，就办不成。更为棘手的是，在这片土地中，还掺杂着济南一家大公司高达数亿元的权益，如果我们征用了这些土地，还必须补偿给这家公司巨额资金。

为解决上述问题，我们在省政府、国土资源厅和济南市委市政府的支持帮助下，从 2006 年 3 月开始，用了整整一年的时间做工作，直到 2007 年 3 月，用地计划终于得到了国土资源部和国务院的正式批复。就在我们刚获得这块土地的使用权时，又遇到了新的问题：上述六个村的部分村民为多得到青苗补偿费，几天之内，在数百亩的土地上栽满了树苗，密度最大的地块每亩栽了近万株。后来，此事在时任省长姜大明同志的亲自过问下，市、区、镇党委和政府组织了大批干部和公安干警入村入户做工作，开展法制教育，才使问题得以妥善解决，我们的施工人员也才得以进入场地，开展地质钻探。此时，距离省委、省政府规定的十一运会所有场馆建成交付并试运行的最后期限只有两年零四个月的时间了。

面对十一运筹办和备战参赛任务艰巨而基建工程尚未开工的严峻形势，我们深感压力巨大。局党组和院党委的同志们也都是看在眼里、急在心里，十分关心并千方百计地支持、帮助基建工作。经我与张松林、李政等同志多次商量,为确保保质保量、按时完成基建任务,局党组决定立即充实加强局基建领导小组及其办公室的力量,从省体育系统抽调了大批得力干部充实到了基建一线。在领导分工方面,基建领导小组仍由我负责,张松林同志等局领导成员继续全力以赴抓十一运备战参赛工作,李政同志分管基建,全力抓基建办工作,赵效为同志协助。叶国雄同志除抓好体院的教学、管理等工作外,另组织了一个工作班子,配合基建办工作。为加强基建办公室的力量,局党组决定抽调时任省体育彩票管理中心主任蒋强同志兼任基建办主任。基建办下设工程部、财务部、招标部、综合部、质检部等部室,分别由时任基建办副主任刘延海、李文建、李延堂、徐春胜、单兆升同志兼任部长。局里抽调的其他同志分别到相关部室工作。为解决基建办大部分同志多为"门外汉"的问题,我们在加强业务培训、鼓励大家边干边学的同时,还专门招聘了一批建筑专业的应届本科生和研究生,充实到工程管理队伍中来。

2007 年 4 月 27 日,省建场馆和山体新校区建设正式开工。此前,局党组专门研究并做了一个决定:在省建场馆和新校区开工建设时,免掉一切繁文缛节,不剪彩、不奠基、不开新闻发布会。简单的开工仪式,由蒋强同志主持,李政同志受局党组和院党委委托,宣布工程建设正式开始。从那天起,上万人的工程建设大军陆续进入工地。在近一平方公里的土地上,47 个单体建筑,10 个室外田径、曲棍球、棒垒球、篮球、网球等场地同时开工,到处塔吊林立,昼夜机器轰鸣。昨日沉寂的凤凰山麓,如今一片沸腾!

为加快施工进度,防止严冬到来之后影响工期,局党组要求基建办与各施工单位签订的合同是,所有的土建工程必须在 2007 年 12 月 31 日前封顶。工程承建单位中建八局、中建五局、中铁十局、济南四建和青岛建工集团不愧是建筑系统的铁军,他们奋战七个多月,终于在当年 12 月 30 日,经过严格验收,完成了各单体建筑的封顶任务,为整个工程按时竣工赢得了时间,创造了条件。

在两年多的工程建设中,我们狠抓了两个关键环节:一是工程质量;二是反腐反贪。坚决杜绝"工程上马、干部倒下"现象的发生。

为确保工程质量,主要采取了如下措施:一是凡是参加招标的建筑企业,省外的必须是"国字号"企业,省内的必须是业内实力最强、信誉最好的企业。二是严格规范招投标活动。当时,全程录像,并请纪检、检察部门全程参加。三是加强工程监理,落实监理公司的法律责任。四是组织基建办的同志在施工的关键节点,特别是基础开挖,基础浇灌,支柱、大梁和框架浇筑时,必须到现场监督,并严格进行验收,验收不合格的,坚决推倒重来。五是严把进料关,严防以次充好等现象的发生。对这些要求,基建办的同志们都做到了。唯一遗憾的是,某施工单位对地下供水管道进货把关不严,被供货商以次充好,加之其施工中也存在一些问题,导致工程交付后多次发生水管破裂漏水现象。该供货商虽然受到了应有的惩罚,施工方也做了经济赔偿,但造成了不应有的影响和损失,教训是深刻的。

为了避免在工程建设中发生违纪违法问题,我们采取了一系列措施。首先,局党组要求局、院领导成员从自身做起,带头执行党纪政纪和局党组的规定,做到不与工程有关的承包商等发生个人联系,不接受利益相关方的礼品、宴请、请托,不得向基建办推荐建安企业,不得干预基建办招投标工作。其次,严把工程招投标关,严禁个人说了算。第三,严把合同审查、批准关。第四,严把工程费用支出关,局里规定的五个签批手续,一个也不能少。第五,对基建办的工作人员制定了一系列廉洁自律规定。在基建办成立大会上,我代表局党组与基建办的每一位同志都签订了廉洁责任书。第六,加强外部监督。省体育局请省审计厅向基建办派出了由一位副厅级领导任组长的审计组,对基建办的所有经济行为进行事前、事中、事后全面审计,并将审计情况逐月反馈给省审计厅和省体育局。此外,我和李政同志还做到了只要召开基建办全体人员会议,必讲廉洁自律、反腐倡廉问题,做到了警钟长鸣。

省建十一运场馆和山体新校区建设工程从 2007 年 4 月 27 日开工,到 2009 年 8 月 17 日正式落成投入使用,共用了 840 天的时间。经过决算,其一、二、三期工程总建筑面积 32.61 万平方米,总占地面积 1327.5 亩(不含院外绿化和道路用地),完成总投资 19.1 亿元。在 800 多个日日夜夜里,参加工程建设的全体同志,尤其是基建办的同志们,心往一处想,劲往一处使,团结一致,全力以赴,顽强拼搏。可以说他们把全部身心都奉献给了工程建设。在两年多的时间里,他们没休过节假日、星期天,没有人叫苦叫累,还有不少同志带病坚持工作。为圆满完成任务,他们提出了"决战就要拼命干,干成干好才是英雄好汉"的口号,还提出了质量、工期、造价、廉洁"四赢"奋斗目标,并狠抓落实。他们的豪情、干劲和拼命精神真是令人感动!在基建办的主任、副主任、各部部长中,除单兆升同志稍年轻些外,其他同志都年过 50 岁,不少同志还患有这样那样的慢性病,在高度紧张的工作中,他们都像年轻人一样加班加点,拼命工作,一心想着为体院、为山东体育事业多做贡献。在他们的带动下,基建办的全体同志经过顽强拼搏,在短短两年多的时间里,硬是把省委、省政府交给我们的任务,绘制的建设蓝图变成了现实。

2009 年 8 月 17 日,工程竣工典礼在倾盆大雨中进行。那一天,山东体育人豪情万丈;那一天集教学、训练、比赛、科研、医疗康复和后勤保障为一体的综合体育基地正式建成并投入使用。

2009 年 9 月 22 日,时任中共中央政治局委员、国务院副总理刘延东同志在国家体育总局和省委、省政府主要领导陪同下,来到刚落成的省建场馆和山体新校区视察。在听取了我们的汇报后,刘延东同志仔细察看了山体新校区图书馆、教学楼、曲棍球场和训练基地的田径、游泳、跳水、体操、武术、篮排球、举摔柔、乒乓球、射击、自行车等大型室内场馆。她对省委、省政府的这一建设决策和规划布局、工程质量给予了充分肯定和高度评价,认为这个综合基地在国内外都是一流的,要求总局在有条件省区市加以推广。

从山东体育学院济南新校区建成到现在,已经过去了九年时间。九年来,山东体育学院的各项工作与山东的整个体育事业一样,欣欣向荣,蓬勃发展。在山东体育学院喜迎 60 华诞之际,我作为一个老体育工作者、山体老校友,衷心地祝愿山东体育学院的同志们在院党委的团结带领下,以习近平新时代中国特色社会主义思想为指导,深入贯彻落实党的十九大精神,团结奋斗,开拓进取,在建设一流体育院校的进程中,不断取得新的更大的成就!

(作者为山东省体育局原局长、党组书记,山东体育学院原党委书记)

心系体院数十载　丹心无悔写春秋

韩之波

回顾体院历史，我不禁感慨万分。一路走来，我见证着体院从小到大、由弱到强的发展历程，心中是满满的喜悦与自豪。

1978 年 12 月，中国共产党第十一届三中全会召开。全会实现了思想路线、政治路线、组织路线等的全面拨乱反正，做出了解放思想、实行改革开放的重大决策，揭开了党和国家历史的新篇章，这是新中国成立以来我党历史上具有深远意义的伟大转折。迎着改革开放的东风，很多大学递交了重建或新建的申请。根据十一届三中全会精神，教育部审批通过了全国 169 所大学重建或新建的申请，这其中就包括山东体育学院。此时，面对百舸争流的高等教育发展大潮，怎样应时而动，抓住机遇，关系到学校的前途命运。

正是在这样的背景下，1979 年初，省委把我从菏泽地区体委调到省体委，具体负责筹备复建山东体育学院的工作。4 月 21 日，山东体育学院筹建处成立，我负责筹建的全面工作。

复院之初，条件十分艰苦，由于原校址上已经成立山东省体育工作大队，对体院来说真是“房无一间，地无一垄”。我和几位同事就每天骑着自行车奔波几十里路，有时候甚至连饭都顾不上吃，四处寻找合适的校址。眼看着招生的时候到了，校址的问题还没有解决，但我们没有放弃，继续奔波努力。后来，省体委决定，山东体育学院暂借用山东省业余滑翔学校北楼的三间房子，筹备开学工作。这三间屋子原本是仓库，屋子里杂乱不堪。但体育人不怕苦、不怕累，为了节省时间，我带人打扫卫生、收拾房间，把仓库改成了教室和宿舍，同时带领职工在院子里挖沙坑、修补地面，为学生们修整训练场地。经过一番辛苦整饬，当年 9 月份，复院后招收的第一批学生顺利入学，学校举行了首届开学典礼，郝爱平代表新生进行发言。这标志着山东体育学院正式复院。9 月 10 日，学校成立了临时党支部，由我任书记。临时党支部和全体党员在复建和办学工作中发挥了战斗堡垒和模范带头作用,凝聚和提升了战斗力。

现在山东体育学院文化西路10号院的校门上“山东体育学院”六个字大气厚重、遒劲有力。这六个字可是大有来历的。当年,第一次请人题写的校名,我怎么看都觉得不甚满意。于是,我直接找了舒同同志(时任中共山东省委第一书记,陕西省委书记,中国人民解放军军事科学院副院长,中国书法家协会第一任主席,中共中央顾问委员会委员),希望舒老能帮学校题写校名。我之前和舒老没有交情,在找他之前心中也是忐忑万分,但凭着一颗力争要把体院做到最好的心,我接连给舒老写了三封信。功夫不负有心人,最终,舒老被我的真诚打动,给体院题写了校名,并写了回信。这在省内的高校中是不多见的,也是我颇为自豪的一件事。

从一开始的筹建处负责人,到副院长,再到院长,直到最后退休,前后20余年的时间里,我非常重视教学训练工作,始终把教学训练作为学校发展的首要任务,坚持“以学生为本”的教育理念,经过不懈学习探索后,提出“以学为体”的概念。1992年11月26日,学校第一次教学工作会议召开,作为院长,我提出一系列加强教学工作的措施。为确实加强教学工作,把学校教学改革推向新阶段,1994年11月,学校召开了第二次教学工作会议,会议提出了学校今后几年教学改革和发展的指导思想:稳定规模,改善结构,深化改革,加强管理,提高质量,提高效益。提出了教学改革和发展的明确目标:完成普通教育的“五个一计划”和成人教育的“上台阶计划”。“五个一计划”即新上一个武术专业,办成一个竞技体校,申请一个硕士点,建设一个省级重点学科,建成一个省级重点实验室。“上台阶计划”即成人教育在现有体育教育专业基础上,再增设体育管理和运动训练两个专业。

在任期间,我一直致力于加强学校领导与学生之间的联系,要求所有学院领导都必须去班里听课。同时,每个领导还要联系一个班级,每次班里开会都要参会,充当“编外班主任”的角色。这种方法大大促进了师生之间的感情,起到了很好的效果。

为了拓宽办学思路,促进学校发展,我也非常重视国内外友好交流工作。1993年,我率团赴美国明尼苏达大学、南伊利诺斯大学、俄克拉荷马大学进行友好访问,并与明尼苏达大学、俄克拉荷马大学建立了正式的友好校级关系。这算是体院“姊妹校”特色的雏形。

“姊妹校”这一特色在当时影响非常大。1993年,我在广州开会时,见了时任天津体院的高明顶院长,向他提出了“推倒学校四面墙,迎来四方八面风”的想法,希望扩大对外联系,与天津体院建立校级友好关系。6月26日,我校与天津体院正式结成“姊妹学校”。双方约定在领导互访、互派教师讲学、联合招收和培养研究生、交流教学资料、合作开展重大课题研究和科技成果开发利用、学术交流、学生工作交流等方面开展深入交流合作。后来，河北体院、哈尔滨体院、吉林体院、西安体院、南京体院、首都体院、郑州大学体院等都加入了“姊妹校”行列，最后一直发展到了9所“姊妹校”。“姊妹校”每年开展联谊活动，广泛进行工作经验交流，开展体育比赛，加强合作，促进了各体院的发展。1996年和1997年，我校与天津体院联合招收和培养研究生，就是“姊妹校”联谊活动成果之一，促进了我校办学层次和办学水平的提高。

我虽已至耄耋之年，但仍紧跟时代的步伐，并时刻关注着体院的发展和进步，《山东体院报》的每期报纸我有时间都会看。如今，山东体育学院即将迎来60周年华诞。在此，作为山体复建后的第一代领导人，我真诚地祝愿山东体育学院早日建成为国际知名、国内著名的一流专业体育院校！祝愿山体学子不忘初心、砥砺前行，为山体再添荣光！

（作者为山东体育学院原院长）

春华秋实六十载　一路高歌一路行

韩　冬

我是1999年初调至山东体育学院的,不觉中已经有了二十个年头。从任学校副院长,到担任院长,到退休,我经历了山东体育学院的发展变化,看到学校不断进步不断变强,为之由衷地感到高兴。人生若白驹过隙,忽然而已。适逢山东体育学院建院60年,我深为学校已经取得的成绩而自豪,更对学校的明天充满期待与希望。

大学的根本是立德树人,责任是以引路人的身份引领社会前进,一所大学的办学理念与价值观会影响未来的社会中坚。每一所大学都应该有自己的特色和优势,有独属于自己的特质。我曾无数次问自己:"我的大学该是什么样子?"她不需要是白富美、高富帅,但总要有些独特的气质,要回归大学精神。

每年新生入学,看到一张张憧憬而略显稚气的脸庞,作为校长,我总在想:怎么样才能更好地将学生培养成高水平的对社会有用的优秀人才?如何发挥教师的积极性、主动性和创造性并不断提高教育教学质量?怎样提高学校的综合治理水平并推进学校更好更快的发展?这些问题一直萦绕在我的脑海,时时贯穿于我的工作生活,有时更为之夜不成寐。质量立校、人才强校、科研兴校、文化铸校、依法治校五大发展理念的提出,就是要打基础,利长远,推进学校加大发展力度,在日渐成长的过程中变得更美更好更强!

学校的每一个进步、每一点成绩,都离不开全体师生员工的共同努力、奋发进取。在近二十年的工作中我深深感触到,山东体育学院的老师是好老师,山东体育学院的学生是好学生。在学校发展的每一个节点上,在每一个重大事项中,学校的师生们都以高度的责任感,全力以赴,合力攻坚,举全校之力迎接一个又一个挑战,战胜一个又一个困难,争取更大成功。在学校因办学需要搬迁日照校区时,老师们舍小家顾大家,义无反顾前往日照开始新的历程。学生们也听从学校安排,一批批迁往日照开始新的学习生活。师生们搬迁的那几天,我凌晨5点左右到校门口为他们送行,大家依旧笑容满面,忙碌着出发前的各项事宜。但是当车轮启动的那一刻,不舍和眷恋浓郁得像天边日出前的霞光,我朝着慢慢开动的车辆挥手,却是一句话都说不出来。无人处,眼泪悄然滑落。多么具有奉献精神的老师!多么可爱的学生!正是有了师生的理解、投入和付出,才有了山东体育学院的进步、成绩和发展。

每年毕业生离校,山体青年便开启了新的追梦之路。每次参加毕业生典礼,我都是百感交集、五味杂陈,比任何时候都希望定格住时间,让所有的激情、感动、难忘、留恋、不舍、欢笑、眼泪都尽情释放。这里有最热烈的掌声、最嚣张的欢呼、最真诚的拥抱,让我们共同铭记这一刻,感谢青春路上不离不弃、不嗔不恨。每一名学生的大学之路,都是在父母、老师、同学共同陪伴中走过的,爱与恨、喜与悲,都是因为兄弟姐妹情深所至。学校虽不完美,办学条件也还不完善,但这就是学生打也爱、骂也爱,剪不断、理还乱,梦中还回千百次的母校。

印度诗人泰戈尔曾说:“无论你走得多么远,你的心总和我连在一起;无论黄昏的时候,树影有多么长,它总是和树根连在一起。”学校与学生是永远连在一起的。在校期间,学校对学生教育引导,不断丰满学生羽翼,增长其搏击长空的力量;离校之后,学校依旧是学生的精神寄托、回望的港湾。学生自入校那天起便成为学校的一员,四年中,虽然要忍受扰人美梦的早操、严禁作弊的考试,忍受口感一般的食堂、没有空调的宿舍,忍受个别唠唠叨叨的老师、意见不一致的同学,但当学业有成、满怀对未来的憧憬真的要离开学校时,一切不堪忍受又都变成浮云,记住的都是那些温暖的笑脸、关切的问候和开心美好的瞬间。“悲歌可以当泣,远望可以当归”,无论是明日之星、还是依然蹒跚在谋生路上的彷徨学子,纵然天涯海角,学校、老师和同学们永远联系在一起。

老师在为学生成熟成长而欣慰的同时,更对他们的未来寄予无限希望。此时,无论学生在校时表现优秀还是一般,成绩优异还是刚刚合格,在毕业的那一刻开始,在老师的心里,都是一样的充满着眷恋,一样的衷心祝福。曾经一位辅导员在学生离校的那一天晚上给我微信留言讲到:“今天我哭了,因为我四年来最头疼的一个学生对我说:‘老师,我终于毕业了,终于不再看你的无奈和失望了,但我真的很想重来四年!’”可惜,人生没有回车键,不能删除重装。人生没有彩排,时时都是直播。我们沉心思考,四年,1000多个日夜,充实也罢,无聊也罢,山体终将悄然入梦。教育的本质,不是要把篮筐装满,而是把灯塔点亮。学校给学生的,看得见的是一张毕业证,看不见的是敢于奔跑的决心和勇气,是“严勤创实”和“坚卓竞远”的精神。一经拥有,必将天长地久!

在我送走2016届毕业生时，我已到退休年龄，并从校长岗位悄然离去，不带走一片云彩。我和毕业的学生们一样，早已打好行装，开启新的征途。我的女儿对我说：“要快乐，要珍惜，趁着未老，开上车子，带上老婆，拿上相机，刷刷微信，到处转转。”我说：“好！我把青春重新来过！”

青春如舞，岁月如歌；生命不息，奋斗不止。我想和所有的山东体育学院的学生、所有终将完成任务卸任的老师们一起共勉：

要坚守梦想。哲人说：“一个梦想可以把你带往任何你所向往的地方。”心中有梦想，人生就有动力。一个心中有梦的人，不会只看到眼前的苟且，不会被生活的琐碎所牵绊，还会看到诗和远方，从而在时代洪流中找准人生的坐标与前行的方向，在人生的长河中乘风破浪，走得很远，风景更美。这是山体青年都有的闯劲。

要守住人品。古人云：“德者才之王，才者德之奴”。一个人可以没有学位，可以没有学识，但不可以没有人品。人品才是最高的学位，德与才的统一才是真正的智慧，真正的人才。要相信，一个人真正的资本，不是腰缠万贯、斗奇争艳，也不是拼爹拼妈、上谀下欺，而是拼人品、比本质。人品好的人，自带光芒，无论走到哪里，总是熠熠生辉。这是山体青年都有的智慧。

要勇于担当。山体人没孬种！面对这个纷繁复杂、功利浮躁的社会，能否还坚守一份高贵而真诚的理想？是否还愿担当一份沉甸甸的社会责任？但愿大家能不为世俗纷扰，不为物欲折腰，不自甘平庸，不随波逐流，不以物喜，不以己悲，保持一份从容和淡定，用担当去实现雄伟的人生目标。壁立千仞，无欲则刚。这是山体青年都有的境界。

要坚忍不拔。骐骥一跃，不能十步；驽马十驾，功在不舍。人生路上，谁的青春没有过迷茫？谁都会遇到很多未曾想到的困难，遭遇很多无法预料的羁绊，甚至忍受很多难以忍受的痛苦和非议。但要知道，失败和痛苦是最好的课堂，它能淬炼坚强的意志，唤醒内心的宇宙，爆发出洪荒之力，这是柳暗花明前的那束光明。不忘初心，方得始终。这是山体青年都有的乐观。

最近听到了一首年轻人的歌——《成都》，感受很深，于是随性改写了两句歌词，表达我对山东体育学院的深情厚谊：

未来的路还有多长，我准备奔跑；山体，我难忘的，只有你。和我最后在校园操场里看一看，直到所有的灯都熄灭了，也不肯走。再见了，同学们！再见了，我的山体！雄鹰翱翔长空，飞鱼潜游深海。发令枪声已经响起，让我们开始奔跑！

（作者为山东体育学院原党委副书记、院长）

我爱山东体育学院

郑仲孝

我是属于山东体育学院的，我身上流着山体人的血液，是永远沸腾永远火热的血液。

——题记

虽然我已是银发斑驳的老者，岁月在我的脸上雕刻下印记，但回忆过往，一股激情始终荡漾在我的心间，岁月积淀的荣耀也让记忆变得有了质感。

山东体育学院的前身是济南体育学校，1958 年 8 月，经国务院批准，在济南体育学校和山东师范学院体育系的基础上创建了山东体育学院。1960 年首批运动健将毕业。1962 年 7 月，我院贯彻中央“调整、巩固、充实、提高”的方针而停办，在校学生多数转到恢复后的山东师范学院体育系和新成立的山东省体育学校继续学习，其余部分则分流安排。从创建到停办的 4 年中，我院共毕业学生两千多名。他们当中，有的成为教授、专家、优秀教师，为我省体育教育事业做出了贡献；有的成为优秀的教练员和运动员，在国内外重大比赛中取得优异成绩，为祖国争得了荣誉；有的成为各条战线的领导干部，在社会主义建设中发挥了骨干作用。我国女子跳高运动员郑凤荣和原空军副司令员景学勤中将就是他们当中的优秀代表。

1978 年，经国务院批准，山东体育学院复院。1979 年 4 月 21 日，省体委党组决定成立山东体育学院筹建处，韩之波负责筹建工作。1979 年 9 月 31 日，我院开始正式招生并在文化西路 2 号大门前挂上了“山东体育学院”的校牌。复院之初，学校办学条件艰苦，没有操场，马路当成百米跑道，客车拉着学生去山东师范大学和山东人民体育场借场地训练。条件虽然艰苦，但却激发出体育人的热情，锻造了体育人的意志，砥砺出了山东体育高等学府的奠基之音。

随着高等教育的快速发展，我校办学规模小、层次低、效益差的实际已经不适应山东省经济社会发展需要，为了解决这些问题，学校党委决定建立日照校区。

这是一个富有转折性的决定。

2003 年阴历正月十五日,我被任命主持日照校区工作,率领一百多名老师奔赴日照开展各项准备工作,到达后在万平宾馆简单摆了些水果,度过了一个令人难忘的元宵节。同年夏季的某夜,学生们将自己的被褥行李收拾好,装进了三个大集装箱,星夜兼程赶往日照。出发前,时任院长韩冬同志为我们送行,说:"山东体育学院的老师是好老师,学生是好学生。"我永远忘不了韩冬院长的这句话,这既是一种激励,也是一种责任。人有了责任就有了一种精神,在陌生的地方从零开始打拼,种种困难反而磨炼了我们的意志,大家决心拿出众人拾柴的心劲,拿出逢山开路的闯劲,拿出甩开膀子的干劲,拿出抓铁有痕的韧劲,拿出勇毅笃行的稳劲,一定要干出一番成绩来。

2004 年,由于工作积劳成疾,时任副院长谷忠德同志在办公室突然休克,大伙匆忙把他送往日照人民医院进行抢救,除颤电击后才把人救了回来。大家欣喜之余,也被他全心付出、积极奉献的精神折服。日照校区里的一草一木都有教工们的心血和汗水,他们在日照校区发展建设过程中表现出来的大爱至诚、无私奉献精神成为山东体育学院宝贵的精神财富,这是体育的精神,是山体人的精神,是坚卓竞远的体现,是严勤创实的回音!

我爱山体这所院校,中国体育的历史长河中星星点点留下了山体人的足迹。不忘来时路,不忘过来人。回望是为了更好的向前,未来还有更多的荣耀等待着我们山体人去创造!

(作者为山东体育学院原党委副书记、纪委书记)

初心不改　奋力书写体院春秋

胡立宪

1975 年，我进入体工队工作，从此便与体育打上了交道。

山东体育学院 1958 年创建，但到了 60 年代因各种原因而停办。1978 年，党的十一届三中全会之后，山东体育学院复院。每当回忆起当年的事情，便感到如今学校发展的不易。

1979 年，复院初期，条件非常困难，“房无一间，地无一垄”，就连办公室也是借用别的学校的房间，筹备办公室的同志就在省业余滑翔学校借了几间房，每间房一二十个人挤在一块办公。训练场地没有怎么办？没有场地就借！教室也是东拼西凑的，从不同的学校去借教室供学生上课。在这样艰苦的情况下，我来到山东体育学院，担任副院长。

我在山体工作的那些日子里，师生员工在极其简陋的办学条件下艰苦创业，团结奋进，努力改善办学条件，扩大办学规模，提高办学水平。当时，学校的一项重要任务是落实校址。我们亲自到村里生产队找人谈判买地，最后包括地价等问题都谈好了，但是学校却没有足够的资金来购买土地，校址问题依然没得到解决。无奈之中，学校提出了“三结合”的设想，就是体育学院、体工队、体育科研所三套班子统一起来。“三结合”的设想与国家体委提出的“优秀运动队向院校化过渡”的方针殊途同归，受到省体委的重视。

1980 年初，全国体院工作会议指出：要积极创建条件，把山东体育学院逐步办成“教学、科研、训练”三结合的中心，既要培养体育师资，又承担培养教练员、科研人员、体育干部的任务，出优秀运动员。全国体院工作会议后，山东省体委开始具体研究山东体育学院、山东省体育工作大队、山东省体育科学研究所结合的问题。“三结合”后，在内部由山东体院党委实行统一领导。体院办公机构迁到体工队院内（文化东路 67 号，1958 年山东体育学院建院原址）办公，体育系、专修科及其有关单位，在新校区未建成前，仍住滑翔学校校址。1981 年学校在文化东路 67 号体工队院内的教学科研办公综合楼和教工宿舍楼先后破土动工。1982 年,教学科研办公综合楼和教工宿舍楼顺利竣工,还因陋就简修建了 3 个排球场、2 个小投掷练习场。后来,“三结合”因为种种原因无果而终,但是,“三结合”的提出确是解决了学校部分办公场地问题。

离休后,我始终不忘自己是一名山体人,始终保持热情,为学校贡献自己的一份力量。我一直担任离退休党总支的支部书记,带领老干部坚持每个月的集体学习。今年的 6 月 29 日,学校在老干部活动中心会议室举行“传承红色基因,弘扬体育精神”庆七・一朗诵会。虽然我已年近九十,但是对于学校组织的活动依然热情不减。朗诵会上,我感慨于时代的变化,感慨于学校的发展,感慨于得之不易的晚年幸福生活,倡议老干部们不忘初心,发挥余热,继续为山东体育学院的发展贡献余生。

即使退休了,山体人政治上也不曾掉队,依然不忘初心,大踏步走在新时代新征程的路上。这就是山体人对学校的真情,是浸染在血液中的对山体的热爱。

（作者为山东体育学院原副院长）

我将热情献体院

闫立亮

我不是体育专业出身，但我与体育却有着不解之缘。

我是在曲阜师范大学中文系完成的大学生活。因为喜欢体育，所以大学时期我就积极参与各类体育活动，做过篮球队的前锋、足球队的守门员、排球队的主攻，而且各项目在学校的比赛中都取得过不错的成绩。

毕业以后，几经辗转，最终我选择了到山东体育学院工作。在学校，我主要负责文字工作，80年代，稿件主要靠手写，那时候经常晚上加班写稿，但即使是熬夜到很晚，我也不曾放松要求，一直坚持着文字工作者严谨的工作态度。因为对工作认真负责，我得到了学校领导的认可。2003年学校召开第一次党代会，学校党委将起草党代会报告的工作交由我负责。我查阅了大量资料并将材料进行梳理，经过不断地完善修改，形成了学校第一次党代会的报告。在报告中，我提出了把全省经济社会发展和高等教育特别是体育教育相结合，把体育教育与运动训练、科研相结合的观点，这个观点得到了学校领导的肯定。

1997年，我被调到基础部工作。当时基础部的工作很难做，因为学校的学科基础相当薄弱。但是竞技水平的提高离不开科学理论的指导，学校想要更好地发展，必须加快学科建设。为了集中大家的智慧，使学校的学科建设在科学的道路上更好更快地发展，我到基础部教职工的家中逐一拜访，听取大家的意见。根据实际情况，将整个基础部的人力、资源进行整合，集中力量办专业。第二年，运动人体科学专业就争取到了省级重点学科。学校领导用三个“第一”对我在基础部的工作进行了肯定，肯定我在专业建设上取得的每一个成果。第一个“一”是成功争取到了山东体育学院第一个省级重点学科；第二个“一”是设立了山东省第一个社会体育专业；第三个“一”是建成了全省唯一一个一级社会体育指导科学研究中心。

2009年，我开始负责解决老校区供暖问题。为了彻底解决老校区供暖中存在的问题，我亲自到施工工地盯着工人干活。因为之前有在工厂做工的经历，工人一看我是内行，活也就干得特别认真。后来工期赶上中元节，工人们要回家祭祖，而校区供暖问题又亟待解决，我就亲自请工人吃饭，和工人昼夜奋战在施工现场，终于在中元节前解决了供暖问题。

2015 年，省委任命王毅担任山东体育学院的党委书记。王毅同志来到山东体育学院之后，因为学校发展的问题向我征求建议。此时我已退休，赋闲在家，但是依然心系体院的发展。我提出的第一个建议就是提高学校的社会声誉，提高学校的凝聚力；第二个建议就是在日照校区提出“国家好，体院好；体院好，大家好”的理念，这一理念也很快就得到了实施。正是在学校党政领导的带领和全体教职工的努力下，才有了后来体院的大发展。我想，这是每个体院人对学校的情怀。

能为学校发展出一份力是荣耀，能和同事们一起共同做事是缘分。我是一个闲不住的人，只要能帮到别人，就绝不会撒手不管。生活中是这样，工作中亦是如此。我在做办公室主任的时候就会帮忙订装试卷。只要有人来加班，我也会陪着来加班帮忙。老师们说：“跟着您干活，累并快乐着。”后来这种作风影响到了办公室其他老师，形成一种和谐的工作作风。

2018 年是学校建校 60 周年，学校准备出版《山东体育学院校史（2009—2018）》，聘请我当顾问，我也是毫不犹豫地答应了。因为热爱体育，所以我将人生中最宝贵的青春岁月奉献给了酷爱的体育事业。因为热爱体院，所以我想把自己的余热继续奉献给学校。

（作者为山东体育学院原副院长）

风雨同舟路 携手踏歌行

谷忠德

沐浴在阳光中的山东体育学院日照校区美丽、大气，充满生机和活力。日照校区从筹建、成立、建设、改制到不断完善、发展壮大，风风雨雨，已经走过了十六年，有过艰难和坎坷，更有过欢乐与喜悦。这十六年中，在学校党委的坚强领导下，校区管委会团结带领师生员工勠力同心、砥砺前行，全面推动校区各项工作顺利进展。十六年来，在党的建设和思想政治教育、教育教学和人才培养质量提升、学生教育管理及校园文化建设、开发培训、后勤服务保障等方面都取得了显著成绩。

十六年前，我作为第一批建设日照校区的一员，和老师们一起在艰苦的条件下开始了创办历程。学院党政领导率领校区师生员工，边建设，边办学，边发展。校区刚开工建设时，四周还很荒凉，南面是苹果林，北面是地势较低的洼地。学校参加建设的教工都住在一栋小楼上，几个人住一个房间。露天的院子里有一个水龙头，大家洗漱都要轮流到院子里。晚上八点半左右，路上行人就很稀少了，所以为了安全，老师们都不太出门。除了几个小超市，学校四周也没有什么可以购物的地方，所以有的老师到日照一个月都花不了几块钱。校区各项设施都不太完善，经常停电，所以管委会的领导与教职工们经常挑灯夜战研究工作。

日照空气好，白天的天空是湛蓝的，阳光明媚，云朵飘飘；晚上则是群星闪烁，海风吹拂。校区初建时工作头绪很多，晚上加班是很经常的。工作了一天，走在校园里，抬头望一望星空，此时片刻的宁静让人精神舒缓，顿觉心旷神怡。

夏日的夜晚，月亮很圆。依稀记得，为了迎接 2002 年第一批学生入学，校区全体教职工团结奋战，全力以赴，工作都非常紧张。到了晚上，大家聚集在院子里的水龙头周围一边洗漱一边聊天，欢声笑语中解除了一天的疲惫，慢慢凝聚了力量，增强了信心。新生报到的时间即将到来，学生能不能吃好第一顿饭？上好第一堂课？第一个早操？学生家长会怎么评价我们这个学校？种种问题在心里盘旋着，让我彻夜难眠。济南校区的教工们提前到日照校区筹备新生开学工作，就在大家到达校区的第一个晚上，学校停电，食堂不能做饭了。于是联系了最近的唯一一个大一点可以容纳几十口人的饭店，大家集中在一起吃了简单的晚饭。虽然条件比较简陋，但是老师们没有一个有怨言，这让我非常感动，真真切切地感受到了山东体育学院的教工是团结的，是具有奉献精神的，是一心为了学校发展而把工作放在了第一位的。

在全体教职工艰苦卓绝的努力下，日照校区从一个不毛之地建设成现在的景色优美、设施完善的大学校园，不仅学习、训练和工作、生活环境不断改善，而且图书馆、实验室和校园网建设也不断加强。这些成绩的取得，离不开学校党委的大力支持与坚强领导，更离不开广大教职工的努力。日照校区初建时，老师们家在济南，工作在日照，四五个小时的路程，往返在济南和日照之间，家顾不上，孩子和老人都撇下了。有的老师把年幼的孩子带到了日照，有的老师把老人带到了日照，方便照顾。老师们既要完成紧张的工作，还要惦记着家里，真的是非常辛苦。不少老师坐火车或者汽车往返，也有的老师后来自己开车或者几个人拼车。每逢周末老师们回济南，我都在想是否安全到家？是否安全返校？尤其是遇到雨雪天和大雾天，更是为他们担心。每到这时，大家都会保持联系，问候路上情况，一旦有事情大家都会共同想办法解决。这个时刻，大家的心是在一起的，就是一家人，互相关照、互相帮助、互相温暖。

老师们始终把学校、把工作放到第一位，无论什么情况都会按时到日照工作，不耽误上课。因为很多老师是自己在日照校区工作，有时候忙起来饭都顾不上吃，如果是外堂课训练累了更懒得买菜、做饭。让老师们吃好饭是确保身体健康和工作质量的前提。因此日照校区决心下大力气搞好教工饮食服务，从食材采购、饭菜加工到用餐环境，都要以教工为中心做好各项服务工作。渐渐教工食堂的饭菜质量提高了，花样多了，老师们满意了，我们的心也就安定了。

日照校区的发展变化有目共睹，其办学成绩和社会影响力不断加大。日照校区多年来秉承山东体育学院“坚卓竞远”的校训和“严勤创实”的校风，坚持“对接需求、协同创新、集聚特色”的发展理念，以全面提高人才培养质量为中心，紧扣加快内涵发展和深化改革创新主线，积极实施“质量立校、人才强校、科研兴校、文化铸校、依法治校”的发展战略。“十三五”期间，日照校区继续深化改革，实行跨越式发展。校区管委会充分利用校区优势资源，以竞技体育训练平台、培训教育平台和军队驻训平台建设为抓手，持续提高教育教学质量，提升竞赛训练水平，努力实现突出体育本体的特色发展、产学研政协同融合的创新发展、以社会需求为导向人才培养模式的转型发展、以综合改革实现二次创业的跨越发展的四大突破。尤其是国家足球学院和国家篮球学院自2017年1月12日落户日照校区以来，学校举行国家“两院”开学典礼；聘任了米卢、宫鲁鸣等国内外知名教练为技术顾问，为学生授课、指导训练；邀请专家、学者就国家“两院”建设发展进行专题研讨，进一步凝练办学方向、明确目标定位；组织各级各类竞技比赛和专业培训等等，国家“两院”呈现出蓬勃发展的良好势头，让日照校区更加焕发出夺目的光彩。

日照校区建设与发展是山东体育学院建设发展史上浓墨重彩的一笔。正是因为老师们发扬“舍小家、顾大家”的精神，弘扬山东体育学院艰苦奋斗的优良传统，积极投身于工作，从我做起，从身边做起，苦干、实干加巧干，才有了日照校区今天的大好局面。在未来，校区将不断深化改革，凸显体育特色，根植校区基础，实现更好更快发展。这是我们大家的心愿，也是我们的美好期望。

（作者为山东体育学院副院长）

春风化雨　育人有声

原维佳

在山东体育学院建校60周年之际,回想起在学校工作、生活的点点滴滴,感慨良多。从担任辅导员到现在分管学生工作,几十年来,我记不清带过了多少学生,但曾经与学生共度的那些美好时光,却是永远地刻在心底。

走在校园里,看着充满朝气和活力的学生们,我总在想,家长们在孩子身上寄托了希望,国家、社会和学校也都对学生寄予厚望,学校怎样才能将学生培养成中国特色社会主义的合格建设者和接班人?怎样更好地促进学生成才成长,让他们更好地适应社会、服务社会?

习近平总书记在全国高校思想政治教育会议上强调,高校思想政治工作关系高校培养什么样的人、如何培养人以及为谁培养人这个根本问题。要围绕学生、关照学生、服务学生,不断提高学生思想水平、政治觉悟、道德品质、文化素养,培养学生成为德才兼备、全面发展的人才。大学生是社会的一个特殊群体,年轻有活力,是推动社会进步的栋梁之材。但因为大学生本身的年龄、思维特点,最容易接受各种社会思潮的影响。随着经济全球化、文化多元化的不断发展,国内外环境更为复杂。近年来信息化发展日新月异,尤其是手机移动终端的普及,更加剧了新旧思想的交流与碰撞、价值观念的冲突与对立。学生将会接受到来自不同渠道、纷繁复杂的信息,有好有坏,有真有假,有正能量的也有负面影响的。学生获得信息的来源越来越多,学生的思想和认识也是瞬息万变。我们不得不考虑,应该采取什么样的方法教育引导学生,将学生培养成信念坚定、德才兼备、对国家对社会有用的优秀人才。

高校是中国特色社会主义高校,根本任务是立德树人,要坚持不懈培育和弘扬社会主义核心价值观,全面提高人才的整体素质。在提高素质中又以提高思想道德素质为根本,更加注重学生人文精神的养成和提高,更加注重引导学生进取向上、健康成长,不断促进学生的全面发展。我觉得,对学生的思想政治教育应该随时代的变化、学生思想状况的变化而随时进行内容、方法和措施的改变,需要扩大主流价值观念的影响力,弘扬强大正能量,重视学生人格的健全和完善,让学生学会做人。当前,积极培育和践行社会主义核心价值观,努力实现中华民族伟大复兴的中国梦,则成为我们的迫切需要。

培育和践行社会主义核心价值观不是一句话的事情,也不能只是简单说教。首先要学生认可、理解,真正明白社会主义核心价值观的深刻内涵和重要意义,在思想上接受了,才能逐步内化为内心的需求并在日常学习和生活中自觉践行。体育专业的学生有自己的特点,他们在参加训练、比赛的过程中,逐渐增强了团队意识和合作意识,集体凝聚力比较强。多年来,学校结合体育专业学生的思想实际和专业特点,通过积极建设文化墙、文化长廊,组织丰富多彩的第二课堂活动以及多种易于学生接受的文体活动等形式,不断完善中华优秀传统文化教育,推动社会主义核心价值观进教材、进课堂、进学生头脑,加强社会公德、职业道德、家庭美德、个人品德教育,形成课堂教学、社会实践、校园文化多位一体的育人平台,社会主义核心价值观融入了学生学习生活的各个方面,并逐渐转化为自觉的情感认同和行为习惯,取得了比较好的教育效果。

在长期与学生打交道的过程中,我很注重中国优秀传统文化的教育和宣传。几千年历史积淀并流传至今的中国传统文化的精华不能丢,它根植在每一个华夏子孙的血液中,历久弥新,散发出夺目的光彩,映射出龙的传人的特色和风骨。我常常将“孝”作为学生思想教育的切入点,百善孝为先,不孝顺父母,不尊敬师长,谈何素质、谈何成才?无德的人专业水平再高也不能称之为人才。我问学生:父母将你们送到学校后最希望你们做什么?父母辛苦劳作赚的钱自己舍不得花对孩子却慷慨大方为什么?父母挂念离家在外求学的孩子是否希望他平安健康?学生能够切身体会到父母的爱与付出,通过启发思考,也更能深刻理解到,身体发肤受之父母,孝顺父母就是要增强安全意识,确保自己的身心健康;孝顺父母就是要在学校刻苦学习、积极进取,顺利完成大学学业;孝顺父母就是要学有所成,用自己的本事挣钱养活自己,不再依赖父母并回馈家人。从“孝”字引发出做人的思考和讨论,让学生更多地向内心问道,明白为什么求学、成才之后做什么,从而扩展为立志成才、报效祖国的家国情怀,激发出勤奋求学、力求上进的原动力,激发出不断完善提高、不断发展进步的主动性和积极性。

教育学生就像是教育我们自己的孩子一样,提高思想水平和综合素质不是一蹴而就的,尤其是对学生的思想引导更需要春风般的温和、细雨般的柔润。狂风暴雨式的冲击和简单粗暴的训斥并不能让学生真正从思想上认同,也就不会有好的教育效果。学校要树立良好的校风、学风，我们经常会用“风”这个字。风是空气的流动，空气是我们人类生存必不可少的，看不见摸不着却能感受得到。因此，要形成好的风气，就要让正确的理念、合理的规范、严格的制度等像风一样吹进学生的脑海里、作用于生活中。大学生的主体意识比较强，教师、辅导员在做学生工作时，首先应尊重学生、爱护学生，在经常沟通的过程中要动之以情、晓之以理，对学生的学习和成长给予指导，传递积极人生追求、高尚思想境界和健康生活情趣。而学生的进步也将会给老师以激励，在不断总结经验的基础上寻找到更多的工作切入点和创新点，以便更好提升工作层次，开拓学生工作的新局面。教学相长，循环往返中，教育学生的同时，教师也从学生身上学到了很多，和学生一起成长。

只要是真正的关心学生、爱护学生，学生一定能够感受得到。很多学生毕业后依旧与我联系，常常说起大学时老师跟他们说的话，说起他们苦恼时老师的开导，生活遇到困难时老师的帮助，上课迟到时老师严厉的批评……爱之深，责之切，学生能够理解并记得学校和老师的好，这是最让人欣慰的了。

毕业季，老师和学生都在浓浓眷恋中述说离别之情。即将迎来的新生入学季，又将开启新一轮大学里程。春去秋来，花开花谢，不变的是师生的情谊，是对学子的祝福，是对未来的勾画和企盼。

（作者为山东体育学院副院长）

我的“山体缘”

张云龙

我来山东体育学院不到4年，但我与她的缘分却已长达26年！

那是1992年夏，一位教英语的同事突然问我：“能不能到山东体育学院代教大学语文课？”我几乎未加思索就答应了。

我于1981年来到济南，在山东大学中文系上学，那时就知道千佛山下有所山东体育学院。1988年研究生毕业后，我到山东工艺美术学院工作，也在千佛山下，自然对山东体育学院有了更多的了解。那时我刚毕业不久，尚不到三十岁，精力旺盛。学校的课并不多，况且教的又是大学语文课，对我来说毫无问题。

按照事先的约定，我先到山体英语语文教研室拜访了王桂珍老师，王老师让我找原先教大学语文的张耀伦老师。张老师在办公室接待了我。他简单介绍了教学要求和教学进度，并交给我两本教材，一本是《大学语文》，一本是《体育新闻》。并说，只从《大学语文》挑选若干篇目讲讲就行，《体育新闻》只是参考书，不必讲。张老师大约五十来岁，个头不高。印象最深的是他两颊塌陷，面色黄黑，声音沙哑且很小。后来我才听说，张老师本来身体很好，坚持到千佛山锻炼，但突然声音沙哑，到医院一查，才知是严重的肺病，已侵蚀到声带，不能讲课，所以才需要找人代课。不到两年，张老师就去世了。

讲课的具体内容主要是古诗文，其中讲过《左传》中的《郑伯克段于鄢》，这是《左传》中的名篇，叙述简洁而曲折，貌似平实而处处暗藏玄机，充分表现了所谓“春秋笔法”，可谓“无一贬词而情伪毕露”，引人入胜，发人深思。

记得班上不足30名学生，虽说上课时偶尔不免交头接耳，但对我非常友好，下课后说说笑笑，非常愉快融洽。

课间我也在校园走走，希望多了解一点体院的情况。印象最深的是教学楼一楼走廊西头的人体标本。那是我第一次看到真正的人体标本，有成人的上肢、下肢，还有一个完整的小孩儿，都装在瓶中，浸在福尔马林里，散发出刺鼻的气味。

我看了一会儿，肚子便翻腾起来，赶快捂着嘴逃走了。

一学期结束后，全班同学给我买了一个硬皮笔记本赠送给我作为纪念，每个同学都在上面签了名，签得龙飞凤舞的，我很受感动，觉得山体的学生真讲义气啊！

后来偶尔与院党委宣传部部长任杰谈及此事，他异常兴奋，非常肯定地说："我想起来了！当时我正担任这个班的辅导员。这个班是 90 级本科 2 班，出了几个名人，著名举重运动员、原中国女子举重队总教练马文辉就是这个班的班长。学期结束时我还送你一本挂历呢！当时已临近放假，有学生急匆匆赶到办公室告诉我说一位很好的代课老师要走了，同学们恋恋不舍，希望辅导员老师一起去送行。我便随手带上一本挂历，急忙赶到教学楼下，你正骑自行车准备回家呢。"

我的笔记本，无论用过还是没用过，我一般都会整理好存放起来。2014 年 8 月到体院后，我忽然想起了这个笔记本，曾翻箱倒柜找过几次，都没有找到。我真希望有一天它会突然出现在我的眼前，再次激发我回到当年上课的情景，再次回想那些开朗友好的面孔，细数他们的姓名。或许有一天，我会遇到他们，彼此开怀长谈，他们会提供一些让我意想不到的当年的有趣故事和花絮？

26 年前偶然到山体讲课，26 年后真正被派到山体工作，你能说这冥冥之中没有"因缘"？

（作者为山东体育学院党委副书记）

剑胆侠心浩然志　天人合一清气存

任　杰

“人道是剑应当飞龙舞凤，挟雷鸣并闪电俱在其中，欲成功先脱俗双握长锋，归其意纳其法搏字一统……”每读于承惠先生《悟剑篇》，顿感鹰击长空，鱼翔浅底，风驰电掣，凝气提神。作为山东体育学院的武术教师，于老师教过83级体育系的太极拳课，之后基本在外面参与电影拍摄。与于承惠先生相聚，谈及他的书法与诗词，往往被他渊博的学识与独到的见解所折服。先生专攻武学，博采众长，天文地理，无所不通。我经常戏说他是哲学家中武功最深的，武术家里哲学最棒的，先生往往一笑置之。此情此景，那音容笑貌，仿佛就发生在昨天。

回想第一次与于承惠先生结缘，是三十多年前的事了。当时电影《少林寺》刚刚上映，饰演王仁则的于承惠老师与当时全国武术冠军李连杰在影片中演对手戏，双方演技精彩，武功高超，传遍了大江南北，一时间票房异常火爆。像我们农村长大的孩子要看到如此精彩的影片，要到县城电影院才能得愿所偿。记得暑假期间，家里提前一天就准备好了干粮，第二天一大早，几个小伙伴约好一起骑自行车到县城排队购买电影票。购票的队伍如长龙一般，远远地通向售票处。由于观众较多，电影院分号段组织观看。不知等待了多长时间，当听到广播传来自己票号的时候，心情格外激动，迫不及待地与大家一起蜂拥至检票口，争先恐后地涌入放映室，寻找自己的座位。正片《少林寺》播放前有一段加映片，那时是多么迫切地期待那一段加映片赶紧放完。《少林寺》里的武打情节至今仍历历在目。没想到多年以后，自己会与其中的反派主角王仁则的饰演者于承惠老师结下忘年之交。

1987年的夏天，我还在山东体育学院读书，却非常荣幸地得到了与于承惠老师合影的机会。据说是时任党委书记王广玉把于承惠老师邀请来与我们学生会全体成员一起合影留念。那时于老师已经拍了多部影响深远的大片，享有很高的知名度。于老师依旧留着非常个性的大胡子,步伐稳健,双目炯炯有神,微笑着与我们打招呼,显得和蔼可亲,平易近人。那是我第一次与渴望已久的武术大师握手,近距离地感受大师风范与人格魅力。那张合影照成为我以后多年炫耀的荣誉资本,也激励并鞭策着我不断地成长进步。至今我还珍藏着那已泛黄却珍贵无比的照片。这种老领导、老前辈们的育人之道,薪火相传,如春风化雨,潜移默化地滋润着我以后的服务育人实践。

时间过得飞快,一晃就到了2008年。这一年是我们中华民族实现百年奥运梦想的一年,也是我校建院50周年。全校上下,沉浸在喜庆的气氛中。当时我作为学生处负责人,有幸承担了邀请知名校友于承惠先生参加学校庆典的任务。于老师当时正忙于拍摄电视剧《李小龙传奇》和《鹿鼎记》,接到学校邀请非常高兴,询问能给学校做点什么。由于他当时的书法造诣已经颇具影响力,我便建议他创作书法作品给学校留作纪念,于老师欣然答应。校庆50周年时,于承惠老师以中国传统文化十二生肖为题材,创作了十二幅书法作品装裱后赠送给学校,他那挥洒自如、遒劲有力的墨宝,成为学校的宝贵财富。

之后我们之间的联系便日益增多,有时会遇到一些影迷或崇拜者要求与他合影留念,先生从不拒绝,总是积极配合直至大家心满意足为止。多年来,没有见到过先生有随行护卫人员,他经常是戴着那喜爱的藤草鸭舌帽,穿着宽松牛仔裤褂,仗剑背包,健步行走,独来独去。闲适时间,有时我们会相约品茶或小酌,这时会聆听到先生对宇宙万物的领悟,对人生意义的阐释。先生属高产影星,受邀拍片频繁,但在选择上非常谨慎。先生不能突破的一个原则是决不剪掉胡子,如果有人说:"你把胡子剪短些,或去掉胡子行不行?"先生是万万不会答应的。他曾细致地描述过辛苦留胡子的缘由。"我是想演一个传奇人物——周侗。周侗是有史记载的一代拳师,人称'陕西大侠铁臂膀周侗',是岳飞的老师。他是一个奇人,横跨北宋南宋两朝代,很多水浒好汉都是他的弟子。"有次我请教先生,在防守中如何化解对方的力量,先生略做思考说道:"根据力量的变化,适时移动重心,当然最好的防守也是进攻。"大师的精妙释疑如醍醐灌顶,使我受益良多。大师对于宇宙万物、天地幻化、阴阳五行、相生相克、天人合一、回归大道、武学哲理的辨证剖析,使我深深体味到先生境界之高洁,正气之浩然,令人仰慕。

2018年适逢山东体育学院建校60周年,六十年一甲子,感念抒怀,思绪万千。追忆大师风采,感悟世事沧桑,逝者长已矣,生者如斯夫!

螳螂拳宗师——于海

钱 芳

中国著名武术家、武术表演艺术家于海，是山东体育学院校友。1954 年拜七星螳螂拳大师林景山先生为师，是七星螳螂拳第六代传人。1958 年在参加全国、省、市三级武术比赛时连闯三关，以优异的成绩被招收入学，从此开始了他光辉的武术生涯。60 年代，根据国家武术运动管理中心的要求，在林景山的指导下，于海创立了汇宗螳螂拳，成为集螳螂拳各流派之大成的一代宗师。

于海勤奋好学，在上学期间，每天天不亮就起床开始练武，边学习边训练，经历了普通少年没有经历过的伤痛和寂寞，但他从没有抱怨过。辛勤的付出换来丰硕的收获，1958—1966 年参加在华东和全国举行的重大比赛，多次荣获剑术、棍术、螳螂拳及全能冠军。1960 年，于海随中国武术代表团出访了捷克斯洛伐克、苏联，又随同周恩来总理、陈毅外长访问了缅甸。1964 年后多次任中国武术代表团教练和队长，出访过美国、法国等三十多个国家。因成绩优异，表现突出，于海 1966 年被任命为山东武术队队长兼总教练，带领山东省武术队一直闯在全国先进行列。1987 年后于海成为山东省体育运动技术学院高级教练顾问。

于海痴迷于武术，近五十年来一直都活跃在武术教育第一线，从事武术教学、研究及挖掘整理流失已久的武术遗产等各项具体工作。他坚持在学习、工作之余研读关于武术的史书资料，走访习武之人，整理武学资料，即便在休息时也会琢磨武术拳谱，苦心研磨各武术门派的精髓，特别是对螳螂拳、八卦掌、通背拳、形意拳等中国的传统拳项目的研究和演练，博采贯融并不断推陈出新，被誉为“武学字典”。

说到于海的看家本领，非“螳螂拳”莫属。为了能更准确地领会“螳螂拳”的精髓，于海曾经和上百只螳螂共处一室，研究这种昆虫的一举一动，从中体会“螳螂拳”的要领。20 世纪 80 年代，于海作为山东省武术队的队长和总教练，经常带着学生训练。当时的环境远没有现在好，学生们训练体能大多在户外，如爬山、跑步等。带学生到附近的山上去跑步时，于海发现山上有很多螳螂，便在休息的时候抓几只。学生们看见教练在抓螳螂，十分好奇。于海和他们讲了螳螂的用途之后，学生也利用休息时间帮着他抓。人多力量大，于海的宿舍里满屋子爬的都是螳螂，桌子上、蚊帐上、灯罩上，最多的时候能有上百只。那时，于海平时最大的乐趣就是逗螳螂，拿一根草和螳螂打架，你一下，我一下。别以为他是在找乐子，其实在和螳螂的你来我往之中，观察螳螂的每一个姿势，怎么进攻、怎么防守，头往哪边转、身体往哪边动，都印在了于海的脑子里。根据螳螂的反应和动作，于海潜心研究，反复练习、总结，终于在原有的"螳螂拳"基础上做了改良和创新，推进了"螳螂拳"的丰富和发展，为中华武术事业做出了巨大贡献。

于海自 1980 年与演艺圈结缘，应邀出演电影《少林寺》中的昙宗大师，并兼任该片的武术动作指导。之后于海陆续参与拍摄了《少林小子》《南北少林》《通天长老》《长城大决战》《新少林寺》《太极宗师》等近二十部影视作品，并担任重要演员和武打设计。于海借助影视作品弘扬中华武术，展示了他以"武魂"为宗旨的武学长者的地位和影响。

于海在习武的同时，痴心中国书画，为中国传统文化艺术的魅力所折服。他在武术演练中逐渐体会到，武术与书法有内在的联系，一件好的书法作品和一套完整的武术动作，都要有轻重缓急、抑扬顿挫的节奏感和韵律感，都要展示出昂扬向上的"精气神"。于海觉得，越是深度研讨武术、中国书画，越能深刻体会到中国传统文化的深邃和博大精深。于海对螳螂拳有着深厚的感情，在琢磨、习练的过程中，更是把螳螂拳作为一种艺术作品来升华。在于海看来，螳螂拳不只是一个中国传统武术流派，一种象形拳（山东四大名拳之一，首批被国家体育总局武术运动管理中心列入系统研究整理的传统武术九大流派之一），更是一种艺术，一种精神。他希望有更多的人喜欢螳螂拳，习练螳螂拳，将中国传统武术传承下去，并发扬光大。

于海作为武学长辈非常注重武术事业的发展，关注武术人才的培养。他经常对自己的队员讲，学武首先要学做人，要扎扎实实练好基本功，要真正深入学习领悟武术的精髓。唯有辛勤的付出才有实实在在的提高，才会不断进步，才能学有所成。于海做过 8 年武术运动员，曾先后任武术队队长、武术队领队、教练，带队员，带徒弟。于海认为，教武要先教做人，后教技术。作为教练、老师，首先要树立做人的典范，要具备武德，要诚实、守信、严谨、宽厚，要以言语教导学生，更要以行为引导学生。要求学生做到的，教练要自己先做好。

于海任武术教练时，带出了一批优秀武术运动员。他总是不厌其烦地教导学生，从事一个事业就要热爱这个事业，热爱了就有感情，训练就刻苦，更会用心去研究它，将它作为一生的追求；做事要用心，用心了，对技术的领悟就快，思考才更深，并从中体会到更深刻的道理；做事要勤奋，习武要冬练三九、夏练三伏，演练武艺要不怕苦、不怕累，只有勤奋做人做事，才能出成绩。

于海用心做武术事业，带着深厚的情感做武术事业，将武术作为自己毕生的追求。如今已是耄耋之年的于海依旧对武术痴心不改。作为山东人，于海将自己使用了几十年的武术器械捐赠给了山东体育学院齐鲁体育文化博物馆。其中几十斤重的紫铜螳螂剑和螳螂大刀都是于海平时练内力所用兵器，福禄螳螂剑是日常训练和参加比赛以及表演活动时所用兵器，一副抓手被摩擦得光亮润泽的钢制哑铃则是他日常徒手练臂力所用器具。于海说：“螳螂拳是我们山东土生土长的代表性拳种之一，是我们山东武术的精华，应该发扬光大。这些跟了我几十年的螳螂剑、螳螂刀能找到一个好的归宿，我甚感欣慰。”

为弘扬齐鲁体育文化尽力，为中国传统武术传承尽心做事，这是一名武学长者最朴素也最真挚的愿望。

百岁老人的体育情

钱　芳

2017年,学校“百岁老人”张启昌将自己珍藏了几十年的授课讲义、教学日历等资料捐赠给山东体育学院,并为齐鲁体育文化博物馆提供了第一届全运会等的相关珍贵资料。一份份泛黄的授课讲义,一张张学生登记表、成绩表……展示了一位致力于体育事业一线工作者的独特魅力。

——题记

年少时期,张启昌就非常喜欢体育运动。早在青岛礼贤中学(后改名青岛九中)读书时,他就参加了学校校队的训练,课余经常和同学一起打篮球、排球,跑步,凡是体育活动他都积极参与并乐在其中。

当时学校组建了篮球队,有一个非常有意思的名字叫“萌之队”,经常代表学校参加比赛和表演,张启昌就是其中一员。当身着印有“萌”字的队服参加比赛时,他感到格外高兴和自豪。后来,张启昌考进了北京师范大学体育系,成为一名体育大学生,更是全身心投入到了体育运动技术以及体育理论的学习中。

说起来,张启昌与体育有着不解之缘,工作和业余时间都离不开体育。无论是在课堂授课还是在场地科负责运动场地维护,无论是作为教练带队参加全国运动会,还是作为裁判长执裁运动比赛,张启昌一直从事体育工作,直到退休,依旧将打篮球作为其业余活动的主要内容。

张启昌热爱体育,并一直关注体育、研究体育,近乎痴迷。他做过体育教师,做过裁判,做过教练,做过场地测量和维护,无论是哪一项工作,他都认认真真地做,踏踏实实地做,努力做到最好。因为喜欢,所以热爱。张启昌非常关注体育事业的发展,过去整理的每一组数据,写下的每一份教案、每一份工作总结,都倾注了他对体育事业的热情。

随着时代的变迁、社会的进步,我国体育事业取得了令世人瞩目的发展,千千万万的体育人都为此付出了艰辛的努力。他们孜孜以求，勤恳不倦，在平凡的岗位上日复一日地踏实工作，不为名利，只为一份朴素而深厚的热爱。张启昌就是其中普普通通的一员。他经常跟同事、朋友和家人们说："我喜欢体育，喜欢运动，在体育运动中能获得最大的放松和快乐！"

张启昌认为喜欢体育和投身体育的人都是阳光和睿智的。张启昌过去做的教学日志、编写的教材、给学生做的资料，一笔一笔工整而有条理，展示了一位体育工作者严谨细致的工作作风，以及对事业的执着与热情。直到今天，在张启昌的家里还保留着40年前79级本科生的学生登记表，每一个学生的名字和资料都是张启昌手写的。那份记录了每一位学生的素质成绩和专项最好成绩的表格，也是张启昌任教时整理的。教学日历上对每门课程每天需要学什么内容都要标记清楚。教学笔记中关于田径场地的建设与施工的部分，几乎每一页都能够看到田径场地有关公式的计算，计算的每一个步骤都十分清晰，计算结果上也有修改的痕迹，有的计算结果甚至精确到了小数点后的六位数。他认为，工作来不得一丝敷衍和应付，每一件事都要认真对待，这是对学校负责、对学生负责也是对自己负责。

张启昌的研究和思考是从工作记录和总结开始的。张启昌对山东省50年代历年举办的省级竞赛次数、破纪录统计、历年省运会田径单项最高成绩等数据都有记录，以竞赛数据为依据分析了新中国成立以来我国竞技体育发展的基本情况，并对其做了客观评价，同时对新中国成立以来我国体育运动的发展以及群众性体育活动的开展进行了总结。他以山东省选拔参加全国田径大会的代表队为例，从省内竞赛活动的次数、参加成员的组成、省运会举办次数等方面与国民党统治时期进行对比，清晰地看出新中国成立以来我国尤其是我省体育事业上取得的进步。通过这些记录和总结还能看出，新中国成立以来我国不仅在举办竞赛的次数、参加人员以及技术水平上有了提高，更重要的是举办竞赛活动的目的发生了变化。竞赛过程中贯彻了共产主义的思想教育，达到了运动员互相团结、互相学习、交流经验的效果。而运动员的政治水平和体育道德作风都比国民党统治时期有了很大提高和改进。国家体育事业的每一个进步都让体育工作者感到欣慰，关注体育、研究体育已经成为体育人的自觉。

张启昌执着于体育，工作和生活从来没有离开过体育。他是新中国第一批获得国家级裁判证书的裁判，参与了国家、省级各项体育赛事，或做裁判长、裁判，或做领队，或做教练，或组织赛事，常常东奔西忙，乐此不疲。张启昌至今还保留的一本全国第一届运动会的画册，是当时张启昌作为教练带队参会时发的，看到它张启昌就想起那时的情景和场面。张启昌负责竞赛工作，一边认真组织筹划，一边用心研究，将自己多年的经验和心得进行总结撰写成《体育运动竞赛的管理与编排》手册；张启昌做体育教师时，要求自己认真备课，用心讲授，悉心辅导，根据需要自己编写教材；根据工作需要负责场地科工作时，张启昌就认真做好整修维护运动场地，通过精密的公式计算和实际测量，科学精确地画好每一块运动场地。不论做什么工作，张启昌都坦然接受并踏踏实实努力干好，他不觉得这有多么高尚，就是认为身为一名山体人，就应该为学校做好每一件事情。

出生在民国的张启昌经历了战乱年代，迎来了新中国成立，走到今天，已然是一个世纪的人生历程。有新旧社会相互对比，他感到很满足、很幸福。在民国上了大学，学到了喜欢的体育专业，新中国成立后成为一名体育工作者，张启昌感到十分幸运，总觉得有一股使不完的劲儿。张启昌 70 岁退休后坚持每天散步，经常打篮球。90 多岁后，张启昌还常常在早上出门步行，在大家乘班车上班时站在大门口热情地与大家挥手打招呼。有人问张启昌长寿的秘诀，他说其实没有啥秘诀，就是比较乐观、比较知足。在人生和事业的每一阶段都尽心尽力了，就无心无愧了。现在已过百岁的张启昌虽行动迟缓，听力减弱，但对生活仍然保持乐观的态度。

萧蕙:彩墨写诗魂

张云龙

古人云:蕙,兰草之属,香草也。清香高洁,独秀万花丛中。

女画家萧蕙,人如其名!画如其人!

萧蕙生于海滨,长于泉城,既有海的博大,又得泉的灵秀。她出身书香之家,天生丽质,诗画俱佳。欣赏她的诗画,如沐"蕙之风",和煦温暖,色香溢洋。

作为国画家,萧蕙的题材并不广泛,她仍执着于传统的梅兰竹菊及荷花、牡丹。但她能博采众长,融会中西,创作出既不同于古人、也不同于今人,令画坛为之惊叹的新画风。

萧蕙喜欢描绘春天。浏览她的画作,从萌春、竞春、沐春风、梦之春、春烟暮雨、春朝涌动、灿烂春光到独占天下春、乾坤万里春,从彩虹、霞光、舞东风、丛中笑到紫气东来、花间醉语,满目皆春,满目皆花。可谓春城无处不飞花,万紫千红总是春。她托物言志,借景抒情,从一草一木、一花一叶中发现生命,感悟生命,表现生命。这里有花的风姿、花的灿烂,还有花的馨香、花的舞蹈、花的歌……

秋天是让人感伤的季节,悲秋是我国历代文人秋日感怀的主旋律。但在萧蕙的笔下,秋天意味着生命的成熟,收获的喜悦。从秋韵、秋艳、清秋、秋来秀色,到金秋、秋色无限,到硕果秋垂、春华秋实、天凉好个秋,无不显示出萧蕙乐观进取的人生态度。

在万木凋零的寒冬,萧蕙从梅花中发现了生命的奇特、顽强、坚韧与光辉。梅兰竹菊四君子,引无数骚人墨客吟诗挥毫。古人早有诗云:"梅须逊雪三分白,雪却输梅一段香。"萧蕙却更上层楼,塑造出她心中的梅花:寒香冷艳、寒梅仙骨、独立人间第一香、一夜乾坤万里香、严寒消尽春来早等系列作品,更鲜明地表现出梅花冰清玉洁、幽香绝尘、铁骨铮铮、宁折不弯的刚烈性格。她的巨幅梅花《乾坤万里春》诗画结合,大气磅礴,具有震撼人心的艺术力量:"写尽铅华不染尘,冰肌玉骨独占春。枝头含笑迎风雪,一夜清香满乾坤。"

在艺术上，萧蕙潜心研究，心无旁骛，刻意求新。她秉承白石老人的真言“作画妙在似与不似之间”，以传统中国画为基础，大胆吸收西画技巧，创造出色彩绚丽、光影迷人、构图饱满，又具有深厚笔墨情韵的新国画，令画坛刮目相看。

走进萧蕙的艺术世界，恍如走进色彩的海洋，绚丽的色彩在眼前颤动、起舞、歌唱，那是色彩的交响，色彩的诗。她大胆借鉴西方印象派的用色、用光技巧，色彩丰富，调子明亮，具有鲜明的节奏感和韵律感，艳而不俗，艳而有致。她的《花间醉语》系列，多以红为主调，“满山霜叶红枝头，花间醉语唱晚秋”，可称为红色交响乐；“蓝色青山蓝色梦，蓝色曲调蓝色风”，那是她的蓝色奏鸣曲；还有紫色梦幻曲：“晓看洒落醉花阴，夜雨华山紫梦香。”真所谓“笔墨有缘常做伴，赤橙黄绿任遨游。”

在萧蕙的作品中，物象与心象合而为一。她笔下的形象既是客观物象的再现，更是主观情感的表达。在艺术创造中，她如上帝一样驱遣、安排各种物象，并赋予其独特的形态与色彩，创造出一个个世间所无而心中所有的独一无二的艺术世界。她将不同时令的花卉如牡丹、菊花、美人蕉、迎春花等组合在一起，创造出百花争艳、生机勃勃的艺术世界。她的《紫气东来》以横式巨幅的形式，将牡丹与紫藤组合在一起，牡丹的鲜艳跳跃与紫藤的低调沉稳相辅相成，加上条条藤萝自上而下自然纷披，有酣畅淋漓之感。她喜欢写梦，如《清梦》《梦之春》《梦里江南》《霜打枫叶梦红颜》等。在梦中，她就是上帝，可以自由安排一切，“笼天地于形内，挫万物于笔端”。

她的《金秋》《冰珠》《冰魂》《雨荷》《寒香冷艳》《寒梅仙骨》，在暗红色的背景上描绘出梅花、荷花、葡萄、倭瓜等，冰雕玉琢，晶莹剔透，具有迷人的光影效果。她独创的在熟宣上泼墨画梅的新技法，基于传统，又突破传统，大胆运用油画的色彩、光影技巧，将梅花的冰清玉洁、凌风傲雪、超凡脱俗表现得淋漓尽致。

在构图上，她既继承了传统中国画的空灵，又借鉴了西方现代绘画的色彩构成和装饰风格，注重经营位置，结构安排，充实饱满，笔墨酣畅，富有张力，具有强烈的视觉冲击力，真正达到了悦目与娱心的统一，而这正体现了绘画的本质。

深厚的传统底蕴是萧蕙走向成功的基础。经过几十年的锤炼，萧蕙已具备扎实的中国画功底，传统的用笔用墨、烘托渲染、计白当黑等，她都能得心应手。她爱画荷花，有《小荷》《新荷》《雨荷》《荷香晓露》《夜开荷花风》等。她所画的荷花，用笔简洁，形象鲜明，随意点染，韵味悠长。她所画公鸡的尾羽、倭瓜的葛藤、老梅紫藤的枝干，浓墨枯笔，屈曲盘旋，如钢筋铁铸一般，体现出她用笔的成熟与老辣。

她的“鹭鸶”系列，表现了她一段铭心刻骨的感情记忆，也表现了她艺术世界的多彩与丰富。她的《独立荷塘》中一只鹭鸶在衰草残荷中单腿直立，似翘首企盼。“秋风秋雨满秋池，乱打残荷叶纷披。大雁南飞音杳然，独立荷塘盼归期。”她连续画了多幅名为《同舟共济》的画，漫天风雪中，两只鹭鸶在残荷败叶间互相依偎，孤苦凄凉，又似有所期待。“相依相伴度春秋，历尽沧桑情悠悠。人生若梦谁能觉，随君天涯共白头。”

萧蕙的新国画将西画的色彩光影与中国水墨韵味相结合，既有油画的坚实、水彩画的明亮、装饰画的形式美，又有传统中国画的含蓄和韵致，艳丽而高雅，饱满而空灵，秀逸而大气，融合中西绘画之长而表现出强烈的个性风格，使传统的题材焕发出新的生机与魅力。

这是萧蕙的艺术创新，也是东方的神韵，现代的美！

我与山东体育学院共度半个世纪

徐秀英

山东体育学院自1958年建院，在探索与奋斗中走过了六十年的风雨历程。我大学毕业到山东体育学院时正赶上学院下马的尾声。到1978年学校复院的消息传来时，老体院的干部、教师们都欣喜不已。好像漂泊、等待了十六年后回到家一样，大家都铆足了劲要为办好学校干出点名堂来。

学校复院后，作为生理生化教师的我感觉有了用武之地，能踏踏实实搞教学、当老师了。我努力钻研业务，一心扑在教学科研工作上。要给学生一碗水，教师必须有一桶水。生理学是一门应用性很强的学科，教师要掌握更多更新的知识，理论和实际相结合，讲起课来，才不至于干干巴巴、枯燥无味。为了进一步引导学生主动学习，我开设了答疑课，鼓励学生针对专业课内容提出问题，提的问题越多越好、能难住老师最好。于是学生课下积极翻阅相关专业书籍，想办法提问题难住老师；我则在课堂上针对学生提出的问题一一做出解答。为了不被学生难住，我也会更加努力加强学术研究并扩大知识面和阅读量，这样就形成了“教学相长”的教与学的良好氛围。学生非常认可这种教学模式，很多学生毕业后仍然记忆犹新。

我平时注重阅读查找大量国内外参考资料，不断补充新知识，丰富教学内容。我从小学习俄语，基础比较扎实，1984年获得了“俄语翻译职称证书”，能熟练地听说读写俄语。后来又从字母开始学习英语，获得了山东师范大学夜大英语班的大专证书。因为专业研究的需要，我后来又学习了日语。三门外语的掌握，让我可以获得更多的外文资料和信息，我把这些比较前沿的资料应用到教学和科研工作中，一方面丰富了教学内容，另一方面也开拓了我的专业研究视野。

1980—1990年，我作为漳州国家排球训练基地的运动医学研究组成员，经常利用假期到训练基地开展科研工作，为冬训期间的国家男、女排运动员和青年优秀运动员进行医学测试、医务监督，为训练提供科学依据。期间还为男排队员出国之前进行了英语口语的培训。这十年间，我未曾休过一个寒假，能为国家排球队做点事情是我的荣耀，也是我参与训练实践、加强学术研究的一个机会，我非常珍惜，也非常高兴。我从副教授到教授任职期间完成省部级、厅局级等课题10余项(其中省科委攻关课题1项)，发表在各种刊物的论文16篇，编译体育科技文章8篇。1998年被山东省教委聘为“山东省高校教师论文论著水平鉴定专家”，并任省职称评定高评委学科组组长。在此期间多次参加国际论文报告和学术交流，其中《对我国201名优秀女排运动员的心脏形态研究》得到国内外学术界的关注。

我在教育事业上取得的每一个成绩都离不开学校的关心和支持，学校对我的工作也给予了充分的肯定。90年代，我校与天津体育学院联合培养硕士生，我与郑陆老师被天津体育学院聘为运动生理学硕士生导师，成为山东体育学院建院以来第一任硕士研究生导师。作为导师我始终保持严谨的教学态度和勤恳的工作作风，能通过自己扎实的教学工作，为学校申报硕士点做一些事情是非常有意义的。

1995年底，学校运动生理学(含运动生物化学)学科申报山东省重点筹建学科。1996年，省教委确定该学科(1998年更名为运动人体科学学科)为省级重点筹建学科。在筹建的过程中，我与同事郑陆、隋波等除了完成正常的教学任务之外，白天晚上连轴转，一起确定方案、收集资料、分析讨论、写出报告，虽然很累但却很充实，充满了工作激情。1998年10月，作为省级重点筹建学科的运动人体科学学科顺利通过了省专家组的中期达标评估。2001年11月，省教育厅专家组一行8人对省级“九五”重点筹建学科运动人体科学学科进行了评估验收，运动人体科学学科通过验收。这是学校第一个省级重点学科。我们为此付出了努力并获得了成功，心里的愉悦和自豪感难以言表。

我于1992—2003年期间为山东省第七、八届政协委员，1991年10月加入中国国民党革命委员会。1992—2007年期间，随省领导视察了山东大地、黄河两岸，与民革领导视察了大江南北，了解社情民意。帮政府出主意、替人民说话、为社会服务这是政协委员应该担负的神圣义务。任政协委员期间，我写过各类提案20余宗，全部立案。能为老百姓做些事情，我深感荣耀。

从退休前开始到2018年，我被学校聘为教学督导组成员，做了18年的教学督导工作。2003年退休后，更是一心为提高学校教学质量尽职尽责地做好教学督导工作，济南、日照两地往返，听课、与青年教师交谈、写督导体会、提出改进教学方法的意见和建议等等。尤其是在学校教学评估前后，我和一线教师们一起讨论教案、查找问题、提出解决的措施，常常工作到深夜。当老师们的课堂表现获得专家认可时,我和大家一样开心。能继续为学校教学工作做点贡献,也让我的退休生活更加充实、更加有意义。

舍得付出、懂得感恩,就会收获爱和幸福。回顾在山东体育学院走过的路程,有苦有甜、有理解有包涵、有难处有期盼,令人感叹又深感欣慰。我虽然已经退休多年,但真正体会到了什么是老有所为、老有所用、老有所乐。我将一如既往地关注学校发展,努力发挥余热,让自己的晚年更加充实、更加丰富、更加幸福。

专注三尺讲台 体味师道永恒

王洪勋

从我1958年考入山东体育学院，到担任学院教师，再到退休后任教学督导组成员，一直到2018年6月份结束督导员的工作，恍然间已经60年了。作为学校第一届学生，是山东体育学院培养了我；作为学校的一名一线教师，是山东体育学院给了我发挥光和热的平台。我对学校充满了感恩之情，能为学校贡献自己的力量是身为山体人的荣耀。

从中学时，我就喜欢体育活动。1958年如愿考到山东体育学院，我非常兴奋，决心要珍惜大学时光，好好学习。1962年，山东体育学院下马时，我转到山东师范大学体育系学习，毕业后留在山师工作。几十年来我一直专注于运动医学的教学、科研和实践，并对运用针灸推拿等方式治疗运动损伤非常感兴趣。针灸推拿技能属于医学专业，为了提高专业技能水平，我于1972—1974年期间到山东中医学院进修学习中医理论和中医针灸推拿的实践操作。在2年的进修中，我同时在山师上课，理论与实践相结合的学习与锻炼，使我在掌握扎实的专业基础的同时，理论水平和操作技能有很大提高。

1979年我调至山东体育学院担任体育保健课教师。作为一名专业课教师，三尺讲台就是人生舞台，讲好课、带好学生是义不容辞的责任。在教学中，我认真备课，认真上课。课堂上，都是手把手地教学生认识穴位、练习手法，引导学生积极主动地学，强化实践练习，提高针灸推拿操作水平。学生学得很认真，有积极性特别高的学生，课下经常找我请教问题，我们就一起讨论，一起交流，共同学习和进步。

学校刚刚复院时，因为教职工不足，我又同时承担了部分医务室的工作，在医疗室为师生做体格检查、治疗运动性损伤、辅助运动康复等。在这个过程中，我将专业所学应用到工作实践中，在完成工作任务的同时又积累了治疗经验，同时丰富了教学案例，收获很大。2007年前后，我们发现学生在参加高考体育专业测试期间经常因为受伤而影响考试。为了帮助学生解除病痛，经学校同意，我和同事郭勇力老师在教学楼实验室安放了 10 张病床，义务为学生治疗。由于受伤学生比较多，我们就带领学生一起参加，由老师指导学生实施针灸和推拿，并对考生进行防治运动损伤的知识普及。运动康复治疗取得了突出的疗效，多数学生能通过治疗重返赛场完成考试。其中有一个东营的学生因大腿肌肉拉伤连续两年没有考好。第三年仍是拉伤，经过治疗后，最后以满分的专业成绩考入山东体育学院，并且选择了运动医学专选课。还有一位学生膝关节伤痛，医院要求不能从事体育运动。经过治疗后，顺利考上了北京体育大学，后来成了篮球队的主力队员。我在治疗过程中，一边治疗一边总结，保存了约上万份病例，典型病例都会拿到课堂上让学生具体分析，丰富了教学内容，增强了教学效果。

在几十年的教学生涯中，我上课要求比较严格，注重理论与实践的结合，对每一个针灸推拿手法都要进行系统性训练，反复练习直到操作到位才能过关。学生学习也很投入，慢慢地能够进行运动损伤的初步诊断和治疗。在一次学生社区服务活动中，遇到一位佛山苑小区的市民，诚恳地请求我们为她患腰部损伤的家人治疗。我带着学生去到患者家里，发现患者只能趴在床上，非常痛苦。经诊断是因为活动中不小心扭伤了，于是我先为患者针灸，然后推拿，在做过示范后，指导学生独立进行操作。经过几次康复治疗，患者解除了病痛，能够恢复正常行动。患者拉着学生的手，感激得热泪盈眶。这次成功的案例，一方面增强了学生学习的信心，另一方面让学生体会到了能为病患者解除痛苦的获得感和自豪感，学习的热情更高了。

我退休之前，被学校聘为教学督导组成员，以提高教学质量为中心，反馈教学情况，督导教学工作。从 1998 年成为教学督导员到 2018 年结束督导工作，二十年来，我认真严谨、尽职尽责做好督导工作，觉得能够继续为学校做出应有的贡献是一名教师的荣耀。

我退休后，在学校工作之余，尽自己所能参与了科学健身指导工作和医疗保健的惠民工作，被多个社会服务机构聘为顾问，为大众健身以及运动过程中遇到的伤痛等问题给出专业性解答，获得了“科普工作先进工作者”“老有所为之星”等称号。服务社会、老有所为、老有所乐，让我的退休生活充实而快乐。

对学校，我始终怀着一颗感恩的心。学校好，我们教师才能好。希望山东体育学院越来越好，希望山体人越来越好！

用无私奉献诠释师者本色

张兴华

郭勇力是山东体育学院运动医学教授、教学名师、师德标兵。她先后教授过运动医学、营养学、运动伤病预防与康复等近20门课程,退休后还坚持为四个本科专业的学生教授七门课程,为三个专业的研究生教授三门课程。

郭勇力教授擅长运动伤病诊断与治疗,膳食营养与合理营养配餐,运动康复理论与实际技能操作。她退休前为省、校级精品课带头人,完成省和学校课题十多项,发表论文几十篇,主编出版教材三部,曾获山东省科学技术二等奖、国家体育总局教学成果三等奖、山东省实验教学技术与实验成果三等奖。她还是国家级体质测定与运动健身指导站专家顾问、国家职业技能鉴定保健按摩师考评员、全国教练员科学训练讲座讲师。

30多年来,郭勇力教授一直义务为学生和教职工进行伤病治疗。九十年代以后随着大家的保健健康理念增强,男女老少进行运动健身的热情高涨,她为社会和企事业做了很多健身与健康、营养与保健的讲座,得到社会的好评。退休以后参加的社会志愿者活动又有所增加:如参加山东省全民健身宣讲团在全省进行宣讲;数次为消防武警官兵进行训练伤病预防讲座与诊治;义务为中国人民解放军特种兵部队进行训练中损伤预防讲座与现场治疗等,并荣获"山东省最美老干部志愿者"称号。

2017年,郭勇力教授作为第十三届全运会科技医疗保障组山东体育学院的带队教师,带领学生协同山东省运动康复研究中心的保障人员并肩作战,发挥专业所长,急运动员所急,帮运动队所需,跟随山东体育学院科技服务平台保障车轮流为山东省各运动队服务,受到广泛的赞誉,被大家称赞为"运动员身边的特护者"。

根据山东体育学院领导的安排,从2017年6月起,郭勇力教授全程跟进"十三运"的保障工作,培训指导运动康复、运动人体科学、应用心理学的学生,为医疗保障车出征做人力和技术储备。7月底,保障车开赴威海训练基地,在山东省橄榄球队的配合下,郭勇力教授组织学生顺利地完成了规范保障服务的实习演练工作。

8月,保障车开赴天津,正式投入全运会的保障服务工作。郭教授和另一带队老师周志鹏接力,带领学生配合山东省康复研究中心的保障人员,转战在各个重点保障运动队和沙排、帆船等边远赛场,为运动员做医疗保障服务。她每天清晨五点多钟起床,六点多出发,晚上回到驻地常常是夜里十一二点,有时是凌晨一二点。不管什么时候,只要运动队需要,保障车就会出现在眼前,保障人员就会出现在身边。除了组织和参与集体保障任务外,有时运动队还特邀郭勇力教授为运动员的伤病做特殊处理。为此,她经常不能正点吃饭。"十三运"期间,保障车上的山东体育学院的师生们和山东省运动康复研究中心的保障人员为男女柔道、男女橄榄球、男女青年篮球、男女青年排球、男子手球、赛艇、自行车、帆船帆板等项目运动员进行保障服务共计300人次左右。服务的内容包括消除疲劳的拉伸、按摩、理疗、针灸、贴扎运动机能贴等。郭勇力教授的热情周到,深受教练和队员们的欢迎,队员们都亲切地喊她郭妈妈……

郭教授有着为运动队做保障服务的丰富经验。早在2008年北京奥运会期间,她就被国家体育总局聘任到中国皮划艇队,为备战北京奥运会的体育健儿保驾护航。因工作积极努力,深受皮划艇运动队教练和队员欢迎,国家体育总局还专门给山东体育学院发来了表彰函,表彰郭勇力教授为中国皮划艇队夺得奥运金牌所做的贡献。

2009年第十一届全运会,郭教授带领学生为解放军八一水上运动队提供保障服务。2017年全运会,除了带领学生参加保障车的流动保障任务外,她还配合山东省各运动训练中心提前两年培训保障队伍,让山东体育学院的学生提前跟队服务。

虽然已经退休了,但郭勇力为运动队做保障服务的热情没有减退,为山东竞技体育培养保障人才的干劲没有减少,甚至比退休前更忙更累了。郭勇力教授说:"对比运动员为山东竞技事业发展所做出的贡献和付出的努力,我这点累都不值得一提。看到我们保障组服务的运动员登上了领奖台,再苦再累我都很高兴。"

我是山体人

满恒贵

一件白色运动衫，一条黑色裤子，一双简单的白色布鞋，轻轻地环着学生的手，左手抬起，右手放低，身体前倾……体操课上，我指导学生动作，没想到这一指导就是33个春秋。一次次的示范，一次次的改正，一次次的进步，每一次都是一个值得铭记的瞬间，尤其是到了古稀之年，总能怀念起那些年为梦想奋斗的日子。

1967年，我从北京体育学院毕业后，带着对体操事业的热爱，开始了教书育人的生涯。1979年，山东体育学院复院之初，学校办学条件差，什么都很欠缺。我们上课既没场地，也没器械，怎么办？没场地，我们就在马路上上课；没器械，我就和其他老师骑着三轮车到泉城路上的一个商店买了几块绿垫子，加上我从原来的体校带来的跳箱，体操课就这么开了。在教学工作中，我是相当严格的，不管是对学生，还是对自己。对自己，我坚持“学高为师，身正为范”，用心学习，悉心钻研，孜孜以求，不断提高自身专业技能和教学水平。每一堂课不只是学生在学习，自己也在进步。对学生，我认为学生应该掌握的技术动作那就必须掌握，不能有一点含糊。但是，我也愿意把学生当作自己的家人，陪着学生一遍遍地练习，不轻言放弃，以体育艺术魅力和人格魅力影响学生。那时，虽然条件艰苦，但是我们信念坚定，不管是学生还是老师，都积极乐观，都对未来充满希望。

虽然学校办学困难，但还是尽全力给大家搭建了学习平台。在学校的支持下，1982年，我考取了国家级体操裁判，又于1988年考取了国际级体操裁判，成为山东省国际级体操裁判第一人。自1982年至2010年，我多次参加国内外体操裁判工作，其中有国际体操邀请赛、泛太平洋体操邀请赛、亚运会、全运会、城运会、全国体操锦标赛、全国体操冠军赛等。我将在执裁这些大赛过程中学到的最前沿的理论知识、积累的丰富经验用到教学工作中，培养出了国家级裁判员14名，一级裁判员36名，二、三级裁判员数名，为国家、学校体操运动的发展做出了一定的贡献。1996年，我被授予山东体育个人先进奖；1999年，被国家体委授予优秀裁判员称号。

这些成绩的取得，离不开学校的支持，我特别感谢学校的培养。在完成教学工作的同时，我也注意加强研究工作，并将研究成果运用到教学中。1996 年承担省教委委管课题“形体训练对幼儿形态、素质、机能影响的研究”，获省教委科技成果三等奖，院科技成果一等奖；论文《幼儿基本体操表演套路强度控制的研究》《形体训练对幼儿生长发育影响的研究》被国际运动医学科技大会第十五届国际生物力学科学大会录用；《浅谈幼儿基本体操的内容与分类的研究》《幼儿基本体操对幼儿形态、机能、素质影响的实践研究》《艺术体操教学中的审美教育》《我国女子少年自由体操现状分析》《96 年全国体操锦标赛平衡木调研分析》《96 年全国体操冠军赛调研分析》《99 年世界体操比赛自由体操项目分析》等论文获省内外一、二等奖；作为全国体育院校教材编写组成员，参编的《大众性艺术体操》一书由人民出版社出版。

在学校的支持下，我积极服务社会，在社会上继续挥洒自己对体操事业的热情。1990 年，山东省幼儿基本体操促进会成立，我负责组建工作并担任副会长兼秘书长，负责组织了系列活动，促进山东省幼儿体操的发展。组织举办了 15 届山东省幼儿基本体操表演大会；在全省各地区多次举办幼儿体操教师培训班，全省 800 多所幼儿园的 2000 多名幼儿教师得到培训；组织我省幼儿园参加全国幼儿基本体操评比活动，连续二十年均荣获一等奖；组织我省优秀队伍赴国外参加国际级比赛，开阔了国际视野。而这一切，都得益于学校的大力支持。

在山体工作是幸福的，在山体，退休后的生活也是幸福的。学校重视离退休工作，关心挂念着每一位离退休后职工的生活，紧紧围绕“政治引领、组织凝聚、服务保障、作用发挥、文化养老”，引导离退休职工开展丰富多彩的活动。我参加了老年合唱队、舞蹈队、模特队等团队。2018 年 4 月，学校又成立了“老年体育研究会”“文化养老研究会”“乐夕阳艺术团”“老年网球队”“书画社”等老年社团，各社团本着“体育养身，艺术养心，协同共建”的宗旨，积极开展文化养老活动。在社团活动中，我们老有所学，老有所乐，老有所为，生活充实、幸福而满足。

我感恩，山体给我平台，让我成长，让我体味为人师的幸福；我感恩，山体给我精彩的余生。

我骄傲，我是山体人。

食堂里的故事

张秀玉

时光荏苒，岁月悠悠。不知不觉我到山东体育学院已经39年了。从1979年转业到山东体育学院至2004年退休，在这25年的时间里，山东体育学院经历了一系列的发展变化。忆往昔，过去的人和事便像电影一样一幕幕地呈现在我眼前。

1979年山东体育学院刚刚复院，办学条件异常艰苦，但学校把每一个学生都当作自己的孩子一样爱护。我到山东体育学院后先是负责后勤食堂工作。当时实行的是供给制，学生的粮票都是定量的，故而粮票一票难求。因为学生每天都需要进行大运动量训练，所以吃的会比较多，粮票不够，学生就会经常饿肚子。我分管食堂的工作之后，就和食堂工作人员绞尽脑汁想办法改善学生的伙食，甚至于到几百里之外的地方采购便宜的蔬菜和肉食，回来后精心地制作给学生吃，每月总会想办法让学生吃上一次鱼。每月吃鱼的时候，那高兴劲不亚于过年，学生和老师在同一张饭桌上吃饭，仿佛大家拥有了战胜困难的强大信心。

为了让学生能够保持良好的体力进行体育锻炼，在学生早餐和午餐之间，学校给加餐一份鸡蛋。餐厅工作人员煮好鸡蛋后，我就骑着自行车送到训练场地。学生也因此受到激励，更加积极地投入到训练中去。

学生生病学校也会有病号餐供应。有一次一个学生发高烧，食堂来不及做病号餐，我就让自己的爱人下面条、煮鸡蛋给学生做病号餐，做好后送到学生宿舍，递到学生的床前。学生感动得热泪盈眶，说在家中父母照顾自己也不过如此！幸福从来都是双向的，学生感受到了学校如家的温暖，我也获得了为人师的幸福。

复院初期，学校办学困难，学生在正式上课之前要军训，但是学校没钱请教官。在来山东体育学院工作之前，我曾在新疆军区部队工作。为了解决这一难题，我主动请缨担任了81届、82届、83届三届学生的军训教官。工作虽然辛苦，但我乐在其中。

后来我调到了总务处，也一直在关注着学校的生活问题。那时候学校办公条件简陋，取暖设备陈旧，年久失修，冬季取暖也成问题。我每天晚上定时要摸暖气片，只要一摸有凉的感觉，就马上到锅炉房去查看，采取措施，用最短的时间解决问题。后来摸暖气片，甚至成了一种习惯。

退休之后，我也没闲着，和老干部们配合学校的工作，力所能及做些事情，不给学校添麻烦。平时邻里之间有什么需要帮忙的，我也是一个电话马上就到。楼上停水了我去修，灯泡坏了我去换，谁家有困难，都愿意找我。我现在担任暖夕阳志愿团的团长一职，忙忙碌碌中感觉很充实。在校庆六十周年之际，我写了一首小诗表达我对体院的热爱之情：

六十载风雨兼程，
踏青山育桃李红。
遇险挑战向前冲，
攻坚克难勇攀登。

五大战略主线明，
三大发展理念清。
校风校训记心中，
师生共筑中国梦。

山体岁月

张正仁

六十年回望，多少雨雪风霜；铮铮热血，终成体育华章。

——题记

转业来山东体育学院前，我在原济南军区从事军队体育教育工作。来到体院后，最初在保卫处工作，后来调到总务处开始管理人员、物品、财务。那时学校经费很紧张，甚至买一个扫帚，我都会严格把关。有的人说："你怎么那么小气！"不是我小气啊，是当家才知柴米油盐贵，我必须做到心里有数，什么该给什么不该给，给学校节省每一分钱。

学校办学条件简陋，我从总务处调入校产办后，就开始想办法解决学校的部分经费问题。我经过初步调查，决定对学校商务房重新招标，条件是租户要先交3个月的房租，避免拖欠。这么一来，学校的资金链重新接起来了，同事们纷纷对我竖起大拇指，说我干了一件大好事。

复院初，学校办学条件困难，为了节约资金，由自己的教师担任军训教官对学生进行军事训练，而当过兵有过部队经验的我义不容辞地担起了这个责任。从82年到88年，学生的军训都是由我们转业干部来负责的。每年我先对转业干部进行训练，然后转业干部再培训学生。

退休后，我同时担任着居民楼的楼长、支部书记、社区艺术团团长等职务，组织了乐队、太极队、模特队、葫芦丝队和合唱队，丰富了学校教职工退休后的生活，用积极的生活态度一如既往地支持学校的发展。因为我是山体人，将永远是山体人。

在学校迎来建校60周年之际，我创作了一首《三句半·夸夸咱山东体院》，以表达一个老山体人对学校的深情厚谊。

山东体院建院60年，
品尝了酸甜苦辣咸，
它时时刻刻在改变，
谋发展。

细数三十九年前，
山东体院刚复院，
校园只有24亩田，
真艰难。

各项训练没场馆，
教室只有三五间，
各个方面要发展，
没有钱。

现在看看咱体院，
设施大建设规模大发展，
层次大提高福利大改善，
换新颜。

田径场训练馆，
各种设施都齐全，
围着校园转一转，
很壮观。

领导班子不简单，
朝气蓬勃有才干，
“两学一做”是典范，
点个赞。

教师队伍很健全，
业务素质不平凡，
教书育人美名传，
都夸咱。

五大战略是主线，
聚焦发展新理念，
校风校训要贯穿，
攻难关。

为了体院大发展，
撸起袖子加油干，
齐心协力做贡献，
永向前。

难忘的岁月

汝汇泉等口述　钱芳等采访整理

钱芳:"学校即将迎来60年校庆,党委宣传部'我与体院60年'征文工作组今天特地来采访为学校建设发展做出积极贡献的老干部、老前辈们,想听听老同志当年印象比较深刻的经历,您与体院的故事。非常感谢!"

一

汝汇泉:时间如同白驹过隙,转眼间,体院就要迎来60周年华诞。谈及体院往事,回首在体院的点点滴滴,我心中感慨万分。

1984年,我在学生科工作。成立学生处后,我便成了学生处负责人。学生处工作的一项重要内容是培养学生的集体主义精神、团队精神。比如说会操(相当于现在的军训),每学年进行一次。会操对于管理约束学生起到了很有效的作用。在学生处工作时,我与学生之间的互动非常多,有时候,会亲自拿着扫帚去学生宿舍,帮忙打扫宿舍卫生,并进行评比。现在想起来,还记忆深刻。

体院学生管理有两个特色:一是班主任(相当于现在的辅导员)联系班级制度,二是校领导联系班级制度。学校处级以上干部都要紧密联系班级,开班会及班内任何活动联系干部都要参加,这是独具山体特色的管理制度。各级干部要经常深入教育管理一线,才能更好地了解学生,了解老师,工作才会有针对性,效果才会好。

二

卢格源:我1958年毕业分配到了省体委,后来到山东体育学院工作,教足球课,带学生训练担任足球裁判,与学生交流比较多,师生情谊比较深厚。有一次,我带队到武汉比赛，已经毕业多年的学生景学勤已经是当时武汉军区少将了，他知道我们在比赛，就带着警卫员来看我了。他用一天的时间带着教练、队员们在武汉转了一圈，给大家介绍武汉，大伙儿都很开心。

学校刚创建时虽然条件艰苦，但是老师们工作都很积极主动。当时的教务处涵盖了大半个体院的工作部门，每到周一开办公会的时候，我组织大家一起讨论教学等各项工作，大家都非常认真，非常投入。

我从南通市考入山东师范大学，后来又留在济南工作，刚来时我在生活、饮食方面真不习惯，后来逐渐适应过来，慢慢地，济南就是我的家，山东体育学院就是我的家了。我对体院有着很深的感情。当初学校在1962年停办以后，我去了省体委工作，后来学校恢复建院，我就立马回来了。

我从小参加各级比赛，大学就参加长跑比赛，后来重点是足球专业。我是第一批国家级裁判（全国仅有12名），1958年参加了全国第一届全运会。当时山东省参加全运会的体训班、体干班没有建立队伍，我们学校就代表省队去参加比赛，我们的教师就是教练，学生就是运动员。山东省当时没有那么多专业的运动员，好多项目都是我们体育学院独有的。因此，山东体育学院的学生竞技运动水平是很突出的。

我觉得我自己的机遇还是挺不错的，从普通的老师到教授、从普通员工到教务处长，学校认可我，给了我这么高的待遇，我非常满足，非常幸福。

三

顾荣瑞：1958年山师体育系和山东省体育学校合并组成山东体育学院，设有本科部、中专部、少年部，它们的培养目标都不一样。少年部就是主要培养运动员的，以提高竞技训练水平为目标。整体上说，学校竞技训练水平在全省是比较高的，但在科学研究和科学训练方面水平比较低，还是在摸索阶段。

我们学校的学生出去比赛成绩还是不错的，一直都是在前几名，这一方面没有问题，但是科研一直是弱项。曾经我有两篇论文在1992年的巴塞罗那奥运会期间有机会入选去瑞士继续进行研发，但最后没有被选上，因为我们的运动医学和生理实验室的设备比较落后，科研条件达不到标准。科研和教育是互相促进，互相影响的，所以希望学校要重视科研，在不断改善教学条件、训练条件、生活条件的同时，不断提高科研层次和科研水平。

我在教务处工作时，比较注重抓学风、教风建设。学校发展必须要有良好的学风,一定要有正气,形成积极向上的浓厚学习氛围,学生才会受到好的影响好的引导。立德树人,提高人才培养质量,这是学校一直坚持的办学目标。

四

李绪基:我在山东大学师范学院历史系毕业后被保送到中国人民大学进修三年,主要研究马克思主义理论。1959 年回到山东大学师范学院任教,后来又到山东体育学院任教。1989 年前后国际上发生了东欧剧变,东欧一些社会主义国家共产党和工人党在短时间内纷纷丧失政权,社会制度随之发生根本性变化,很多人对社会主义制度失去了信心,以为社会主义制度走到头了。那时,作为社科部的主任,我有义务站出来为师生阐明国际形势,增强思想认识。学校组织了一场时政报告,由我主讲,当时到场 800 多人,讲了近两个小时,让大家了解了国际形势,统一了思想,坚定了建设社会主义的信念。我觉得非常有意义。

我现在虽然已是近 90 岁高龄,但是每天都关注时政大事。习近平总书记做的十九大报告是中国共产党不忘初心、牢记使命、继续前行的政治宣言,是面向决胜全面建成小康社会、夺取中国特色社会主义新时代伟大胜利的进军号角,是开启全面建设社会主义现代化强国新征程、实现中华民族伟大复兴中国梦的行动指南。整个报告思想博大、内涵丰富、鼓舞人心,特别是提出的"三步走"中"两个阶段"的战略安排更是催人奋进。按照这一战略安排,到 21 世纪中叶,我国将迈向社会主义现代化强国。社会主义现代化强国内涵丰富,其中之一就是体育强国。到那时我国人民将享受更加幸福安康的生活,这无疑对体育事业的发展提出了更高的要求。山东体育学院作为山东省唯一的体育高等学府,要勇担社会责任。

山体人要进一步增强责任感和使命感,不忘初心,牢记使命,以更加饱满的热情和更加扎实的工作作风积极投身教育和体育事业,为实现中华民族伟大复兴中国梦贡献我们的智慧和力量。老骥伏枥,壮心不已,如果学校需要,我可以重新站上讲台。

五

王富轩:我原来是滑翔学校的教师,1979 年山东体育学院复院后,滑翔学校停办,我就到体院工作了。学校刚开始复院办学条件实在艰苦,连体育场地都没有,教室也不够用。我们没有田径场、训练馆,上课是大问题。学校不断发展,教学训练设施更加完善，看到日照校区、济南校区新的面貌，真心地感到高兴。

1984 年我在教务处招生办公室工作，当时人们不了解山东体育学院，学生都不敢报名，招生比较困难，生源没有保障。为了解决这个问题，我就一个县一个县地跑，向学生宣传山东体育学院，讲清楚学校的培养方向、专业设置以及办学情况。山东省每个地区举行运动会，我都会要一份当地的成绩表，到招生时，这些名单我都能掌握到。并且提出，代表全省参加全国运动会、代表国家参加国际比赛的学生，拿到国际前八名、全国前六名就可以直接报考山东体育学院，当然文化课要过线，身体素质要过关。经过两年的努力，越来越多的学生报考山东体育学院，生源质量不断提高。

学校社会影响力的提高要经历一个过程，而毕业生的良好表现会让社会更加认可学校。咱们学校 1979 年第一届的学生毕业没有分配计划，只要联系到单位接收，就可以分配过去。体院的学生情商很高，工作踏实，积极肯干，到了单位都工作得不错。经过几年的发展，山东体育学院的社会知名度越来越高，作为老山体人，我们深感欣慰。

六

许健：我从中央教育部办公厅调到山体工作，从此与体育教育结下不解之缘。在山体，我从事教育学、心理学教学，教学的基本原则是不误人子弟。在教学之余，我比较注重专业研究，不断提高专业水平。北师校长朱智贤聘请我写心理学大字典的过程，也是我进一步加强学习的过程，对教学工作也有很大帮助。

经过 60 年的发展，学校培养出了一大批体育人才，希望学校一如既往地抓好学风、教风，为社会培养更多优秀的体育人才。我虽然已是耄耋之年，但是人老心不老，依然关心国家大事，关注学校发展。能为学校发展贡献余生力量，我觉得非常有价值、有意义。

七

晋继利：1958 年，山东体育学院建立，我成为山东体育学院的第一届学生。当时，山东体育学院的设施不像现在这么完善，师生在教学训练之余，还积极参加学校的建设。1959 年，我大二时在老师指导下参与了标准四百米田径场的修建，让我与田径场设计结下了缘。直至毕业后，我都在努力地学习设计田径跑道，并逐渐克服了修建田径场跑道的三大困难:一是平整度,使正负误差不超过五毫米;二是沟盖板设计,解决因为排水不畅导致的田径场跑道塑胶在雨后飘起来的问题;三是用铝合金杆子对接法实现了田径跑道的无缝对接,解决了田径场跑道漏胶现象。

我已是近 80 岁的高龄,在国内外设计建设了 90 多个碳渣跑道,90 个塑胶跑道,这也算是山体人为体育事业贡献的一份力量吧。

抗战老兵的爱校情怀

钱 芳

已经九十多岁的栾秀珍老人曾亲自见证学校艰苦创业、砥砺前行的奋斗历程，知道学校即将迎来建校60周年，她高兴地说："六十年来学校不断发展变化，成就很大，我们这些已经退下来的山东体育学院的老人们深感欣慰。"

栾秀珍老人是抗战时期参加工作的离休干部，曾经是华东军政大学的学员，在战争时期的工作是电报员。每当回忆起战乱年代，栾秀珍的心情都非常沉重。她的父亲被日本人抓走后，家庭支离破碎。她1947年参军到了共产党的部队中，在炮火纷飞的战场上，作为电报员的她经常背着发报的机器跟着部队跑，在枪林弹雨中努力完成发报任务。她清楚地记得在一次作战中，天上国民党的飞机轰炸，地上国民党的兵在后边追。在垦利县的三岔口，部队准备晚上渡黄河时，国民党扔下照明弹，黑漆漆的夜晚被照得如同白昼。子弹就在耳边呼啸而过，眼看着身边的战士倒在血泊中，活着的战士依旧勇敢地坚持作战。栾秀珍年龄比较小，她始终紧紧抱着发报的机器，当时情势非常危急。幸亏部队的战友们一直照顾着她、保护着她，才得以脱险。现在想起来，仍然历历在目。

党和人民没有忘记出生入死的人民战士。山东老战士纪念广场的纪念墙上刻有栾秀珍的名字，她至今珍藏着国家发给抗战老干部的奖章。栾秀珍对党、对国家、对学校充满了感激。她和她先生都是抗战时期参加工作的老干部，她说，国家没有忘记我们，党对我们照顾得很好，学校也照顾得很好，新社会的生活很温暖，我们没有理由不好好工作。

经历过战争的栾秀珍特别珍惜来之不易的和平生活和稳定的环境。新中国成立后，她无论在哪里工作、无论干什么工作，都非常勤恳。山东体育学院复院时，栾秀珍随着体育场合并到学校，成为山东体育学院的一员，做财务工作。70、80年代没有计算机，学校发工资条都是手写，算账都是用算盘。工作比较忙时，财务处办公室里一直响着清脆的拨算盘声，栾秀珍直到现在仍然记忆犹新。

栾秀珍在退休后,因为学校需要,继续在财务岗位上工作了几年,依旧认认真真、踏踏实实地做好每一件事。在她的意识里,只要需要,就听从学校的安排,让干什么就干什么。尤其是作为一名共产党员,更要听党的话,一切行动服从指挥。

栾秀珍非常怀念和同事们一起工作的时光。她说,山东体育学院无论是院领导、处级干部还是普通教职工,大家工作都非常认真、勤恳,有任务大家一起完成,没有谁愿意拖后腿。领导们没有官架子,和群众打成一片。当时学校没有临时工,没有物业,打扫卫生都是教职工自己干。每周六是集中大扫除时间,大家不怕脏,不怕累,在一起一边干活一边说说笑笑,热热闹闹的,互帮互助,感情特别好。

栾秀珍深深为学校的发展进步而感到高兴。她感慨地说:"学校的发展变化真大啊,建设了日照校区,又建设了济南的新校区,我们这些退休的老人去看了,这么美的校园,这么好的教学训练条件和生活环境,这在以前是想都不敢想的。比较复院时艰苦的办学条件和环境,学校的进步和成绩真是让人感到振奋和自豪。"

一说起学校,栾秀珍老人的感恩之情溢于言表。退休后,学校给她解决了离休问题,领导和同事每逢过节都去探望,平日里也经常嘘寒问暖,给予生活上的关照和帮助。学校经常组织老干部参加各种文体活动,定期通报学校的建设发展情况,让老干部们深切地感受到了学校的关爱和温暖。栾秀珍开心地对看望她的同事们说:"现在的生活多好啊,刚离休时工资是一个月 98 元钱,现在一个月工资是 1 万多元钱,吃穿不愁,生活安定,这么好的日子能不高兴吗?"

栾秀珍虽是九十多岁高龄,但依旧思维清晰,言谈得体。在她的眼前,一届届的学生带着憧憬走进山东体育学院,经过四年的学习,满载收获走出学校走向社会去建功立业。老人退休了,年轻人紧紧跟上,正是一代代山体人的敬业进取、坚持不懈,开创了学校不断进步不断发展的新局面。未来总是充满了希望,栾秀珍作为一个老兵,一名普通的山体教工,真诚地祝愿学校越建越好!

观校史馆随笔

王克勤

如今已是耄耋之年的我,带着伤病的身躯,与同龄的同事和朋友,兴致勃勃地走进了盼望已久的学校校史馆,仿佛一下又回到了风华正茂的青春年代。

随着校史馆解说员的讲述,我的思想也回到了曾经的教学训练的年代。近六十年的风风雨雨,经历的沧桑,让现在的我,在高兴之余也不免嘘唏感叹。时代在前进,学校的变迁与发展,学校欣欣向荣的新局面展现在我面前。我在几十年的教学生涯中有过兴奋也有过悲伤,有过成绩也有过遗憾。曾经的青春年华已然逝去,但对美好未来的向往却依旧坚定。

1956 年,年少的我进入了全名为“中华人民共和国体育运动委员会济南体育学校”的山体前身,开始了我的执教生涯。后来进入山东体育学院任教,成为一名大学教师。建院之初的山东体育学院条件非常简陋,工作非常辛苦。在无校舍、无训练场地的条件下,我和其他教职工一起,带着对美好未来的向往,艰苦奋斗、兢兢业业、毫无怨言,做着一名教师应该做的事情。我们坚信只要努力,美好的梦终会成真。在党和政府的领导下,山东体育学院渡过了一个又一个的难关,直到走进今天的辉煌。体院的梦,也是时代的梦、广大师生的梦,与中国人的梦同步融合、共同前进。

站在展板前,观望一幅幅我执教的教学、训练、指导学生实习、下乡支教实景图片,一个个相熟的面孔,一件件记忆犹新的画面浮现眼前。近六十年过去了,我挂念着无数学生的人生、家庭和生活,在远方的学生也同样怀念师生情。2013 年 9 月 3 日“齐鲁晚报”刊发我院第一届毕业生撰写的《怀念排球队的“战友”们》的文章,并同时刊登了我与队员们训练时的合影,令我感慨几十年的师生情如此历久弥新,我很自豪也很感动。说过去千言万语,论现在滔滔难尽。真庆幸自己如今生活在一个美好的时代,没让青春逝去光彩,倒是让年华定格在历史的长河中,因为有校史馆而让更多人铭记。

现在的我风华已过，但生命不息、奋斗不止，我依旧将努力而行，为山东体院的梦想继续奉献微薄之力。我曾经为山东青少年排球夏令营授课，为青少年排球的发展做了一点工作。也参与了济南市社区科普大学的讲师团，向社会推广科学健身与养生的科普知识，向老年朋友讲述从运动中寻找健康的方法，受到好评，并被评为“优秀教师”。在社会实践中我深深地体会到，如今是快节奏的时代，不进则退，知识的积累与更新，多方面掌握科学知识，是人们向更高更深更强迈进的必然趋势。知识改变生活，更改变人生，知识是财富中的财富。

校史馆展示了我们体院的过去、现在和将来。说过去，已成历史，但历史留下的经验与教训，同样是一笔宝贵的财富。论现在，是在过去的基础上，努力创造、科学发展的过程。时代潮流浩浩荡荡，不允许任何人停滞不前。体院人创造了无数佳绩，获得了国际和国内竞赛的优异成绩，攻克了无数个体育科学堡垒，我们体院人今后仍将坚定信心，向更坚固的人生目标迈进。

我们已是脱离教学一线的老人，但也时刻关注学校发展的点点滴滴，更关注体院人的进步和成长。校史馆里的每一幅图片，都蕴含着历史遗留的宝贵精神财富。青出于蓝更胜于蓝。希望新一代山体人比前人更加努力，更加刻苦。学生们学有所成，体院向更高的发展目标迈进。

莫道桑榆晚　为霞尚满天
——校史馆记忆

任　杰

为反映学院的发展建设历程，彰显学院的办学成就，更好地发挥校史在学校发展中的重要作用，2014 年初，学校决定筹建校史馆，成立了由院长韩冬任组长，党委副书记潘耀滨、副院长张艳霞任副组长的筹建工作机构，筹建工作办公室设在党委宣传部。

随着筹建工作的不断推进，由哪位山东籍的名人来题写馆名这个问题摆上了日程。受老院长韩之波在给学生做校史教育报告时的启发（山东体育学院校名，是老院长诚邀原中国书协主席舒同题写的），几经商酌，最后决定请欧阳中石先生来题写校史馆馆名。欧阳中石先生作为著名的文化学者、书法家和书法教育家，曾经给许多单位题写过名字，为繁荣发展中国传统文化做出了突出贡献。随后由我与当时的学校工会主席衣翠凤同志一起负责联络题字事宜。经过几番奔波，学校原伙食科科长郭兰同志终于联系上了欧阳中石先生，先生答应免费给我们题写馆名（且一并题写了“坚卓竞远”校训与“严勤创实”校风），我听到消息心情非常激动，也感激欧阳中石先生支持体育教育事业的大家风范。2014 年 10 月 11 日，郭兰同志通知学校去济南舜耕山庄拿欧阳中石先生的题字。韩冬院长派学校党委副书记张云龙同志、郭兰同志和我一起到舜耕山庄拜访欧阳中石先生。86 岁的欧阳中石先生身体健朗，和蔼可亲，谈笑风生。在交谈中，欧阳中石先生畅谈对家乡的深情，表达了对体育事业、文化教育事业的关心，彰显了他博大的教育情怀。在听取我校校史馆筹建工作汇报后，他肯定了校史馆建设在学校教育中的重要作用，随后展示出给我校校史馆的题字。欧阳中石的书法如其为人，格调清新高雅，沉着端庄，古朴而不失华美，如行云流水，飘逸秀美，足见他无日不临池的深厚功力和勇于创新的精神。欧阳中石先生认为，中国书法是闪烁在中华文化之上的绚丽光环，同时也是世界文化的瑰宝。中国书法艺术把蕴藏在个人身心的思想感情化作了一种有形有色、有声有歌、有节奏有韵律、有神采、有极大震撼力和浓重感情的结晶体。在提到欧阳中石先生的艺术成就时,他非常谦和地说,我从小字写得不好,家长要求严格,我就努力练习把字写好,到现在一直还在学习写字。先生如此自谦令我非常感动,那朴素而真挚的话语如芝兰润心,受益不尽。

在校史馆筹建过程中,另一起感人至深的事就是拜访我校 58 级知名校友、中国人民解放军原空军副司令员景学勤中将。起因是学校 50 周年校庆时,景将军因工作忙没有前来参加庆典,给母校写了一首《清平乐 · 贺山东体育学院建校 50 周年》用电子邮件发给了学校。鉴于景将军是军旅书法家,就想着能不能把这首《清平乐 · 贺山东体育学院建校 50 周年》用书法的形式表现出来,作为校史馆馆藏内容。把这种想法报告给景学勤将军后,得到了将军痛快的答复。2014 年 6 月 16 日,时任党委副书记潘耀滨同志带领我们一行四人去拜访景学勤中将。老将军听说母校来人非常高兴,问我们住在哪里,当听到我们要去看望他时,恳切地说:"母校来的人都是我的老师,哪有老师看学生的? 我得先去看望老师。"不一会,老将军乘车来到我们的住处。老将军精神矍铄,军容整洁,声音洪亮,风采依然。在听取了母校筹建校史馆的规划后非常高兴,也为母校几十年来取得的办学成就感到欣喜和自豪。对于学校建设校史馆,老将军大力支持,并捐赠了自己手书的 5 幅书法作品,捐赠了《书道千秋》等 4 部专著。

时过境迁,斗转星移,几年的时光一晃就过去了,在校史馆筹建过程中,那些鬓发斑白、乐于奉献的老校友老前辈们,那些呕心沥血、辛勤耕耘在三尺讲台和训体场上的专家学者们,还有一些不计名利的爱心捐赠者,他们无私地关爱支持体育教育事业的一幕幕感人事例,时时浮现在脑海深处,如影随形,挥之不去。

走进全运会　聚焦山体人

于爱丽

岁月如歌,盛世相约。2018 年金秋,山东体育学院将迎来 60 周年华诞,回顾学校的发展历程,尤其为“十三五”以来的突飞猛进由衷赞叹,在数不胜数的亮点中,山体人在全运会上主动作为、协同作战、顽强拼搏的那一幕令我难以忘怀……

一　受命

2017 年暑假,校领导派我到天津报道第十三届全运会。接到这一光荣任务,高兴的同时深感压力,当时全运会开幕式尚未举行,没有成为人们关注的热点,我所知道的全运会信息几乎为零。

8 月 10 日,临行的前一天,分管宣传工作的校党委副书记张云龙、宣传部统战部部长任杰召集我开了个会,制定了十三运宣传方案。张云龙强调,学校党委书记王毅和校长毛德伟非常重视全运会的工作,派专人全程跟踪报道,在校史上还是头一次。写好山体人在全国体育盛会上的奋进之笔,讲好山体人的故事,是宣传工作义不容辞的责任。本届全运会,学子和校友近 300 人参加全运会 20 多个大项目的比赛,很多项目实力明显,可望夺金;另外,学校还派出师生和科医保障车辆,与山东省运动康复研究中心组成全运科医保障组,为山东省体育代表团服务。报道时要做到有人物、有数字,要反映体育精神;校园网设全运会专栏,重要消息可直接往外媒推送,以回应社会关切。

任杰做了细致的安排:让我到了天津直接联系山东省运动康复研究中心副主任、全运科医保障组的负责人包信通,并跟随保障车行动;学子参赛名单向竞赛训练处联系;带上刚购买的相机等等。

张云龙、任杰又提出一些细节问题,再三叮嘱一定要注意安全,遇到困难及时与学校联系,并派应届毕业研究生周航宇与我同行。周航宇在天津工作了 4 个工作日,即收到用人单位的录取通知书,便离开了天津,当然这是后话。

此次会议,奠定了报道工作的基础和方向,从此,我一步一步地向着全运会迈进……

二 出征

我先后三次闯天津,其中两次在全运会开幕式之前。

第一次天津之行,是由失望到惊喜的过程。8 月 11 日傍晚,我到了天津,下了火车,直奔山东代表团驻地中际佳悦酒店,兴致冲冲地见到了包主任。包主任告诉我,最近没有保障任务,参加科医保障的师生们昨天返回济南了,他也要返回,问我有什么打算,也可以跟他们一起返回。下一个任务是 19—20 日为山东省橄榄球队做保障服务,师生们将于 17 日再来。

我非常失落,难道第一次来天津,就这样无功而返了吗? 我心有不甘,决定先熟悉一下环境,再做决定。包主任叫来了队医科的陈子文科长,嘱咐他帮我解决可能遇到的困难。

当下,我办理了住宿手续,看看时间尚早,让周航宇研究一下照相机的使用方法。我拿出从温晓东老师那里要来的参赛名单,发现有些同学已经结束比赛了,从十三运官网上得知 4 月 29 日开始比赛,山体学子已获得 2 金 3 银 1 铜了!

第二天,我和周航宇找到陈子文。陈子文介绍说,山体学子参加科医保障工作多年了,在备战本届全运会期间,有 20 多名山体学生每晚到山东省运动康复研究中心,为有参赛任务的运动员进行按摩放松和理疗。这次,为了做好全运会比赛的保障任务,师生们还专门到威海橄榄球训练基地,进行了为期 4 天的培训和演练。正说着,负责跟队学生管理的校友王祥宇走了过来,他补充道,本届全运会山东省和很多省份组成联合队,咱们学生还跟随联合队到国家队、福建队、广西队等进行保障服务。得知我校有这么多同学在看得见和看不见的战线奉献在竞技体育一线,我急忙向领导汇报,我校运动与健康学院的隋波院长组织专人,把分散在全国各个代表队做保障服务的 48 名学生名单发给了我。

我查了赛程,当天 19∶00 在宝坻体育馆举行拳击金牌争夺赛,我校学子于丰铠参赛! 这是一场无论结果怎样,都有新闻价值的比赛。陈子文告诉我,宝坻体育馆很远,一场拳击比赛只有 10 来分钟,没人跑那么远看比赛。山体学子! 金牌争夺战! 这几个关键词紧紧地抓住了我的心,我请示了任杰部长,任杰请示了校领导后告诉我,天津期间的交通费、门票,实报实销。得到了领导的支持,我很高兴，告诉家人我要到现场看比赛啦！看拳击比赛！家人调侃道："你看得懂吗？"被当头泼了一盆冷水，我冷静了许多。是啊，我确实看不懂拳击比赛，甚至很多体育比赛我只是看个热闹，不太懂得其中的门道。但办法总比困难多，我想了又想，我曾是一名科研管理工作者，科研管理常用的工作方法是依靠同行专家的智慧进行决策。作为山东唯一的高等体育学府，我校体育专业齐全，人才济济，有这样高大上的体育平台，何愁体育报道不专业？沿着这个思路，安慕雷、李坤军、王强、朱妍、李晟、冯贵山、王权、苗广峰、马全钧等人陆陆续续地走进报道队伍中来，有的帮我推荐专业人才，有的协助记录比赛成绩，有的帮助分析对手的特点、优势和劣势，优秀队员在关键局、关键分中所起的作用等等，有行家相助，以后的报道都显得那么从容。

在三个回合的拳击比赛中，于丰铠不负众望，以绝对优势夺得了全运会 91 公斤级拳击金牌。据悉这是山东省拳击运动员时隔 20 年再次夺得该项目金牌，实现了历史性的突破。领导们非常重视赛场消息，旋即传回审稿意见，我立马将报道上传校园网主页，推送山东教育新闻、山东网、大众网、齐鲁网、人民日报数字、新视听、新浪网、近报、齐鲁晚报、山东商报等，社会反响良好。

第二次天津行，我见到了科医保障组的周志鹏老师和同学们。19 日一大早，我们乘坐保障车到天津团泊体育中心，为参赛的山东橄榄球队进行科医保障服务。

天津团泊体育中心很大，内有许多场馆，自行车馆、射击馆、橄榄球场、棒球场等。门卫不让进车，伸缩门紧闭。场内橄榄球队正在进行小组循环赛，比赛间歇不允许队员离开赛场，也不让保障人员进入赛场休息室为队员做保障服务。原以为这次能顺利地拍摄师生们的工作照，没承想好事多磨。然而，什么也阻挡不了保障组为队员们服务的热情，大家约定晚饭后在全运村门口的马路边见。为了保证准时到达指定地点，保障车从赛场直奔约定地点，大家叫了外卖，吃着简餐，等待橄榄球队的到来。

当晚 19 点半，橄榄球队来了，保障组的师生像是遇见了亲人一般，为他们疗伤、放松。我跟踪了周志鹏老师和刘子琥、刘成栋、俎浩杰、林恒恒等同学为山东省橄榄球队服务的全过程，拍摄了大量的照片。橄榄球的领队王蒙帮我核实了上场参赛的名单，12 名男队员中有张超、高冰、王硕硕、陈永强、刘俊奎、胡振业、马冲等 7 名我校学子；12 名女队员中有于丽萍、黄美科、魏榕辛等 3 名我校学子。我校橄榄球教师李晟也在天津，他推荐同在天津观摩橄榄球比赛的冯贵山老师协助我进行工作。

20日下午,山东男女两支橄榄球队都进入了金牌争夺战,赛事热门,一票难求。我校有10名学生参赛啊！在几乎不报什么希望的时候,王祥宇想方设法赶在开赛前的两三分钟把我送到看台。冯贵山在赛场上,我在看台上,我们电话里再次确定了分工,他负责记录男女橄榄球队金牌争夺赛的实况,我负责综述山东男女橄榄球队前期小组赛的结果、现场拍照等。现场比赛异常激烈,我校学子顽强拼搏,夺得了男子、女子橄榄球2枚金牌。我以山东橄榄球队的口号为题,组织了文章《"橄"为天下先,一"榄"众山小》,并列出我校学子名单,受到许多媒体关注。

第二次天津行,我发现学校还有一支默默无闻的裁判队伍服务着全运会,他们每个人都有着骄傲的执裁资质和经历。我在QQ群发布了裁判征集令,李彦等9名老师积极响应,《山东体育学院教师在"十三运"上的裁判风采》记录了我们身边平凡人的不平凡贡献。

观察在保障车上人的言行举止是我获得第一手写作材料的途径之一。橄榄球队的于学智领队陪着队员做保障时,说了这样一句话:"本届全运会的保障服务是最好的。"我向包主任了解本届保障服务和以前的区别,包主任坦诚地说:"保障车是我们的利器。以前没有保障车,赛场多,距离又远,出行非常不便。这次配备了保障车,说走就走,车上还有众多先进的仪器设备,使我们如虎添翼,服务的对象更多了。"金杯银杯不如服务对象的口碑。我把于学智的话记录下来,写进《与荣誉相伴的十三天》。我还观察到橄榄球队员于丽萍,总是抓紧点滴时间从IPAD上观看比赛录像,我默默地把这一幕记在心里,等比赛结束后专门采访了她,写下了《盛开的橄榄之花——专访全运会冠军于丽萍》。

第三次天津行是8月25日,我一直工作到9月8日全运会结束。8月27日,第十三届全运会开幕式在天津举行。学校党委书记王毅来到天津,观摩开幕式、看望参加比赛和科医保障的师生们。天津的奥体中心名叫"雨滴",吉祥物为"津娃",开幕式的当天着实下了一场大雨,王毅书记把随身携带的雨具让给了同行的老同志,自己被雨淋得感冒发烧,再加上各个室内赛场都开着空调,凉意袭人,但他毫不在意,奔走在赛艇、篮球、排球、举重等赛场,为我校学子加油助威。他专程看望科医保障组的师生,鼓励大家努力工作,为山东竞技体育事业多做贡献;晚上,他还作为中国赛艇协会副主席,出席了2017中国赛艇发展论坛;天津归来又马不停蹄地奔赴杭州,参加全国大学生运动会开幕式。王书记的敬业精神,深深地感动着我校在天津的每一个人,大家以他为榜样,全身心地投入到十三运的竞赛和服务之中,用实际行动助力山东体育走在前列,竞攀高峰。

全运会开幕式后，我校学子参加的比赛项目集中爆发，赛场上异彩纷呈，每天都有奖牌收获，让人目不暇接。见我忙不过来，运动康复专业的魏久钧同学主动协助工作，每晚统计我校的奖牌数，帮我列出第二天参加决赛的项目。且在完成保障任务返回学校后，依然远程做着这份工作，令我很感动。

三 收获

十三届全运会，我校学子和校友近 300 人参加 24 个大项目比赛，获得 37 金 21 银 16 铜的佳绩，9 名裁判员、48 名科医保障服务师生和部分实习生、5 名研究生校友分别参与了大会的执裁、保障和服务、数据采集和研究工作，3 个教学单位获得全国群众体育先进单位，学校收到省体育局和有关训练中心发来 11 封感谢信和 1 面锦旗，向山东父老交出了“山体人在全运会”的优秀答卷。为了记录这份答卷，我 3 次去天津，发表原创文章 43 篇，外媒录用 80 余篇次，编辑全运小知识 15 篇，可谓收获满满，体会也多多：

一是只要齐心协力，没有过不去的难关。本届全运会的报道工作，有王毅书记、毛德伟院长的顶层设计，有分管宣传工作的张云龙副书记和任杰部长的具体指导，有专家们和朋友们的热心支持，大家心往一处想，劲往一处使，上下扭成一股绳，形成合力，为我校全运会报道工作多角度展开，提供了有力的保障。这里特别提出的是，水上运动项目是我校学子的强项，水校的高潍潍老师总是第一时间把水上运动项目的结果告诉我；山东省科研中心的田雪文为我提供了王随莲副省长看望我校手球队员的消息和照片；陈子文提供了国家体育总局苟仲文局长接见校友张成龙和科医保障组成员的消息；房永毅提供了在山东省排管中心实习的赵杨明等名单；宋祺鹏提供了周华、张翠、孙威、谷厚鑫等山体研究生为各运动队进行数据采集和分析的情况，这些都拓展了报道的宽度。

二是只要虚心求教，到处都是老师。全运会开幕后，全国体育类媒体云集天津，外宣采用率明显受到影响。张云龙副书记指导我变换写作视角，人无我有，人有我奇，收到了良好的效果。除了领导们的把关和指点外，我还不时地向身边的人请教，写《保障车是运动队的战地医院》时，涉及很多医学常识，我请王祥宇从专业的角度审稿，看到橄榄球队员“脸部受伤”的表述时，他告诉我那个队员是“颧骨骨裂”，篮球运动员“脖子受伤”医学术语应为“颈部受伤”。山东教育新闻何泓辰先生指点我如何用现场报道来抢占头条，于是，几乎比赛一结束，大家就能看到我校的新闻。

三是纸上谈兵终觉浅，绝知此事须躬行。我想起第一次写全运会的报道，那时我还没有被派往天津，写的是关于保障组师生助力柔道运动员夺冠的文章。有天我从 QQ 上收到同学们在天津为柔道队做科医保障的图片，他们服务的柔道队刚刚获得了全运冠军。多好的素材！我立马打开电脑，写了简讯，由于没有切身体会，纸上谈兵，文笔生硬。到了天津，目睹师生们清晨出发，夜里 11 点多甚至过半夜 2 点才返回休息，常常疲惫地睡在返程的保障车上。带队的郭勇力教授跟我说，老母亲身体不好，一直都是姐姐在照顾着，她打算工作几天，返回照顾老人，让其他老师接替自己。开幕式后，郭教授除了完成正常的保障任务外，还应邀为其他运动队贴扎技能帖。青年女篮小组赛的时候，为了保证每个有需要的运动员都能得到自己的亲手贴扎，她在开往赛场的车子上贴扎，午饭都没顾得上吃。郭教授说："能为运动员帮上忙，心里非常高兴，自己少吃一顿没关系。"火热的赛场离不开郭教授，最终她放弃了换班的想法，一直工作到运动会闭幕。走进全运会，聚焦山体人，我为自己也是其中的一分子而自豪。

王毅书记说得好："比赛结束一切都将从头开始。"十九大开启了新的时代，山东体育学院伴着六十周年华诞踏入新的征程，让我们一起再聚焦，记录新时代发生在我们身边的变化和感动，见证新时代山体人高举旗帜跟党走的坚定信念和历史辉煌！

笔下历史

钱 芳

校史记载着学校创建、发展、壮大的历程，展示着学校的历史积淀和文化底蕴，是传承学校优良校风、凝聚师生力量的有效载体。2008 年，学校在建院 50 周年校庆之际，决定编写《山东体育学院校史》，时间跨度是 1958—2008 年。这是学校第一次编写校史，将建院 50 年的历史根据时间划分为了三个时期。我有幸承担了 1958—1962 年第一个时期的撰写任务。

写学校的历史，借此更全面深入地了解学校风雨历程，对于当时入校 15 年的我来说是一件很神圣、很荣耀的事情。我很兴奋，接到任务后便兴致勃勃地去档案室借阅 1958—1962 年的资料。但是“一个纸片都没有”的回复让我如同被浇了一盆冷水，瞬间感觉到了压力。山东体育学院 1958 年建院，到 1962 年因国家经济困难而停办了。教工和学生都分散四地，相关的资料也因为年代久远而流失。没有任何文字记录，这可怎么写？就在我无所适从时，档案室主任唐玉玲老师轻声安慰我：“别急，咱们到省档案局看看能不能查到点资料。”于是我们一起到了山东省档案局，面对厚厚的一摞摞散发着过期纸张霉味的档案，只要看到一点关于“山东体育学院”的字眼就激动得像得了宝。整整一天的时间，我们一页页地仔细翻阅着，生怕漏掉了什么信息。旧档案中的资料有手写的，也有油印的，文件号的编排、语言的表述等都带着五六十年代的历史感，一个个看似枯燥的文字，在我来说都是闪耀着光辉的希望。

1958 年到 1962 年，山东体育学院从无到有，虽然只有仅仅 4 年的时间，却是奠基开创学校历史的重要时期。从省档案局查到的资料比较少，并不能反映出学校那个时期教学、训练、管理及学生学习生活等各方面的情况。怎么样才能获得真实、丰富且具体的信息呢？经商讨，编写组决定找到当时在学校工作的老教师或上学的学生，通过他们的口述进行记录整理。为此学校邀请了已经退休的顾荣瑞、卢格源等老处长、老教授们，聚集在会议室一起回忆学校的创办情况和办学规模、办学条件、机构设置、专业建设、师资建设、课程设置等情况。半个世纪过去了，大家对于当时专业设置、招生规模、课堂教学、课外实践以及第一届开学典礼、组织参加新中国第一届全国运动会等比较重大的事情仍然记忆深刻，相关内容比较确定，叙述的内容也是一致的。但有的事情则是各执一词，意见不统一。还有的人和事因为时间长了、年龄大了或者印象不深而无法给出确定的说法，但老同志们非常认真地回忆，尤其是对不太一致的细节问题，大家一起讨论、分析和求证，甚至会为了某个教研室当时的负责人是谁而争执起来。对于不太确定的信息，老同志们回去后各自查阅自己保存的文件等资料，或者联系曾经参与过的老人一起回忆，最终将确定的信息反馈给我。老同志们认真负责的态度和严谨细致的做事风格让我既佩服又感动。他们在言谈话语中表达出的“安排了的工作就要积极去做，做就要做好”的工作理念深深地触动了我。

在学校初创时负责办公室和人事处工作的王志才同志已经退休多年。当我敲开他的家门，说明来意时，老人非常热情地接受了采访。王志才老人是山东体育学院筹建的主要参与者之一，最初就是他骑着自行车多次查看办学校址。他介绍说，学校刚创办时条件非常简陋，当时的校址比较偏僻，没有路灯。为了保障学生安全，班主任和学生住在一起，一起出早操，一起上晚自习，学生熄灯后老师才回去休息。从明确体育人才培养方向到选定教材组织上课，从招聘教师、招收学生到解决师生住宿吃饭问题，学院克服了种种困难。当 1958 年第一届新生开学时，老师们都非常激动与兴奋。学校初建，各项设施都不完善，老师和学生就一起参与建设，修整场地、打扫卫生等，没有人喊苦叫累。王志才老人谈起山东体育学院创办时的经历，充满了自豪感，眼睛里更是数次闪烁着泪光。

我又陆续采访了几位于 1958—1962 年时期工作的老教师和学生。在办公室里，我为老同志们沏上茶，准备好纸笔，做好了聆听故事的充分准备。而真正聊起来，老人们却是热情如火，一边谈一边做起示范来，满含深情地告诉我他们那时是如何在凌晨 5 点钟起床到马路上长跑，如何在训练中师生共同讨论合理方案，如何在田间劳动时用锄头做单杠训练，如何在修水库时比赛用手推车推土，如何在劳动间隙办手抄报宣传鼓劲，如何夜间在微弱的灯光下、蚊虫的叮咬中修补自己的球鞋……训练和劳作一定是辛苦的，但几十年后再谈起，老人们记住的都是那些快乐而美好的瞬间。排球教师王克勤，当时的学生、现在已经退休的亓永湘等老同志将收藏的照片拿出来，多数是一寸、两寸的黑白照片。他们对着照片讲述课堂教学、专业训练、勤工助学、课余活动的一个个瞬间，画面慢慢在我眼前展开。虽然照片上无论是老师和学生的衣着发型还是环境背景，都带着历史的痕迹，但纯真的笑颜展示出的青春岁月却是永恒的，直到今天依旧在他们的生命里灼热着，绚丽着。

在老同志们的回忆中，我获得了越来越多的信息、越来越丰富的认知，山东体育学院创办初期的历程一点一点地再现。我在记录整理的过程中是带着暖暖的喜悦的心情的，感觉自己在挖掘那段历史，悄悄地接近那段历史。然而在欣喜之余更多的是感动。老同志们对几十年以前的事情，尤其是重要节点的内容记忆犹新，话语里充满了对山东体育学院的深厚情谊。虽然有些记忆已经模糊，但是对学校的情感却是历久弥新，永远刻在了脑海里。

从 1958 年建院到停办的短暂的 4 年中，山东体育学院广大师生员工为了同一个目标而共同奋斗，培养出各层次体育人才 2700 余名，在灰渣瓦砾的运动场上训练出了全国冠军，在破旧简陋的教室里走出了优秀的体育教师、体育管理干部、文化名人甚至是赫赫有名的将军。学校的每一个进步、每一个成绩都得益于全体师生员工的艰苦奋斗、团结协作和无私奉献。一代又一代山体人为了山东体育学院的繁荣发展而兢兢业业、勤勤恳恳地工作，正是源于对学校朴素而高贵的深厚情感凝成了推进学校不断进步不断发展的精神动力。

忆往昔，辛苦耕耘孜孜以求。历史不会忘记初创奠基时期那些开拓者、创业者们的艰辛与贡献。看明朝，继续前进辉耀千秋。今天的建设者们更会传承老前辈们艰苦奋斗、开拓进取的优良精神，尽己所能，为学校的今天和未来增添更靓丽的色彩。

为中国式摔跤奋斗终生

张茂林

在我校日照校区武术学院的摔柔馆里，一位精神饱满、个头不高、操着山西口音的老师非常引人注目，他就是刚刚在2018年中国大学生中国式摔跤锦标赛中取得历史性突破、率队载誉归来的我校中国式摔跤队主教练崔树和。本次比赛共有来自全国各地的37所高校代表队的459人参赛，创赛事最高规模。我校获得了6个冠军，6个亚军，5个季军，3个第五，同时获得女子团体冠军、男子团体亚军的历史最好成绩。

崔树和老师出生于山西忻州著名的摔跤世家，其叔叔就是山西中国式摔跤泰斗、首届全运会冠军崔富海先生。因此，从孩童时期他就与中国式摔跤结下了不解之缘。做运动员时，崔老师就是中国跤坛的优秀运动员，1976年直接入选山西省摔跤队，1978年首次代表山西省出战就以全胜战绩一举夺得中国式摔跤52公斤级全国锦标赛冠军，引起了全国摔跤界的关注。从1978年到1985年的八年间崔树和教练共带队参加了10次全国重大比赛，获得1次全运会冠军和8次全国冠军，在52公斤这个级别处于无人撼动的地位，他的这个战绩也创造了跤乡摔跤人20世纪90年代个人在全国累计夺冠最多的纪录，在当时被人们称为“冠军专业户”，用现在时髦的话来说又叫“夺冠达人”。

退役后直接进入山西省中国式摔跤队执教，让崔树和感触最深的一点就是比当运动员时更多了一份责任感与使命感。作为一名年轻的教练员，崔树和以他独特的训练方法结合自己丰富的实战经验及体会为队员们提供了最佳的技术要领。不到10年时间里，他就培养了3名全运会冠军和30多名全国锦标赛冠军，获得山西省政府一等功3次、二等功2次，“新长征突击手标兵”和山西省“劳动模范”等荣誉称号。

1993年七运会后，国家因推行“奥运战略”的需要停止了中国式摔跤在全运会上的设项，全国各省市中国式摔跤队也纷纷下马了，这位在全国赛场上冲杀惯了的骁勇战将突然有一种有力使不上的感觉,许多同仁也一时找不到了人生的方向,但是,崔树和并未因此而消沉,仍然对中国式摔跤发展抱有积极的希望。他坚信,中国式摔跤的燎原之势,一定还会在华夏大地上重新燃起。为了这个信念,崔树和等人几乎在无人关注的情况下带着十数名追随者艰苦地坚持了十来年,以这样的方式保护着中国式摔跤的火种。

2003 年,为适应学科发展和专业建设需要,学校党委站在传承优秀传统体育文化的高度,积极拓宽民族传统体育专业方向与项目设置,这时具有悠久历史文化的中国式摔跤运动成了首选,接下来就是选择能够担此重任的教练员。2004 年,崔树和只身来到地处海滨城市的山东体育学院日照校区,经过推荐和选拔,他的品行与执教能力得到了领导和专家的认可。在学校党委的关怀指导下,他正式担任中国式摔跤队主教练,多年的摔跤才华终于找到了可以施展的舞台。对此,崔老师经常说的就是:“山东体育学院给了我机会,我就应当尽力为国家多培养合格的中国跤人才。”

就是这样的信念,十年来,崔树和老师以最平常的心态,最积极的态度,面对每一天的训练工作。他坚持从实际出发,率领队员从零开始,认真制定训练计划和课时教案;与运动人体科学专业老师合作,对训练过程进行科学监测监控。在注重科学化训练的同时,他还非常注重学生思想政治教育工作,关心关注学生的生活、学习情况,并以自己的模范行为处处影响和引导学生。

十年来,崔树和老师无论严寒酷暑,还是周末节假,与他的队员们一道勤练不辍。功夫不负有心人,科学合理的训练结出了累累硕果。在他的带领下,我校中国式摔跤代表队至今共获得全国跤王争霸赛中量级“王中王”称号 1 人,国际邀请赛冠军 7 人,亚军 1 人,全国比赛金牌 100 多枚,近 100 名在校学生获得“运动健将”称号。一系列的优异成绩,使他又一次被高校同行们称为“夺冠达人”。

在辛勤执教训练第一线的同时,崔老师还积极总结经验,不断进行理论探索,深入分析中国式摔跤的发展趋势,先后独立或合作撰写的多篇论文发表在《山西体育科技》《体育科学》等刊物上,平时的训练日记和理论总结已达 10 余万字,他期待着有一天能够整理出版,为中国式摔跤发展贡献智慧。

如今,这位年近花甲的中国跤坛冠军常青树,仍然不知疲倦地奋斗在教学训练第一线,以实际行动,践行着自己的承诺:“我是为中国跤而生、为中国跤而活,就要为此奋斗一生。”

愿崔树和老师为我国中国式摔跤发展做出更大贡献!

多媒体现场教学让课堂更精彩

钱 芳

济南校区综合训练馆的游泳池水雾蒸腾,游泳课上的同学们正兴致勃勃地互相用手机拍摄游泳小视频,然后将画面传送到电视屏幕上,在老师的指导下分析自己技术动作正确与否。其中一位同学发现自己蹬腿时角度不对,力度也达不到,于是接着返回泳池去练习。一堂游泳课就在教师、同学的讨论、分析和反复修正练习中度过,课后同学们依旧在交流如何更好地训练以不断提高技术水平。

这种教师和学生共同参与、共同讨论的上课方式依托于游泳多媒体现场教学系统的使用。几次课下来,教师和学生深切地体会到,充分利用手机、大屏幕电视等开展信息化教学的确增强了课堂上教与学的效果。游泳课上老师和同学们使用的游泳多媒体现场教学系统是竞技体育学院游泳教研室自主设计、安装并运行的现场教学系统,是国内体育类院校中首个将多媒体无线画面传输技术应用于体育术科现场的教学系统。自 2016 年 12 月 26 日完成第一期工程并投入使用以来,该系统改变了传统游泳教学教师讲解示范、学生因在运动中很难看清自身技术只能靠个体感受练习的相对比较单一的教学模式,增加了学生对技术动作的个体视觉反馈,逐渐被学生接受。

游泳多媒体现场教学系统使用手机或 pad 设备,对水上、水下的技术动作进行拍摄,通过大屏幕将技术视频快速反馈给学习者本人,找出问题所在。教师可借助于回放、暂停等功能对完整技术、分解技术进行现场点评,还可对技术的重点、难点分别讲解。与传统教学手段相比,该系统具有以下优点:一、易用性强。会用手机拍照,就可以操作这套系统。二、实时性好。手机直接投射于大屏幕,无须插线、无须复制、无须等待,即时存储、回放。三、互动性强。教师与学生、学生与学生、学生与教师、课上与课下可以随时互动。结束水中康复课程学习的学生说,游泳课变得越来越有趣,所学内容越来越丰富,我们不仅知道要学什么,更知道了用什么方式学更有效,这是最大的收获。

竞技体育与体育教育学院游泳教研室是我省唯一从事游泳教学、训练、科研的专业教研室。目前开设本科生游泳普、选、专修课,研究生游泳选修课,水中康复课,游泳救生与急救技术课。多媒体的使用,使得游泳课形成了“教师为主导、学生为主体”的教学结构。为了让学生更全面、更深入、更快捷地掌握专业技能,提升专业素质,近两年来,游泳教研室开拓教学视野,更新思维方式和教育教学理念,探索并研究多媒体教学模式,采取学校投入、自筹资金、企业赞助等多渠道引资的办法,先后建成游泳多媒体专项课教室、游泳多媒体现场教学系统、水中康复桑拿房,配备了40人用量课桌椅、投影机、幕布、白板、大屏幕电视2台、空调2套、电脑、打印机、水下照相机1台,水下摄像机2套,教学用电子心肺复苏假人2套、水中模拟救生假人8套,以及各类游泳、救生、水中康复的教学器材。学科发展所需的基础设施、教学设备及条件得到极大的改善。

为了进一步探索数字多媒体技术与游泳教学的深度融合,2017年游泳教研室完成了首部水中康复微课、游泳救生与急救技术微课的制作任务,并逐步向慕课领域探索,主动承接了省体育职业技能鉴定站、省体育局青少处、省教育厅等单位的游泳教学类、救生公益类课程的制作任务。2017年1月8日,游泳教研室主任索鹏受邀到山东教育电视台录制了现场教育类节目《乐龄学院》。在1小时的电视课程中,索鹏讲授了老年游泳、水中康复、水中健身等内容,宣传了山东体育学院近期新开设的《水中康复》课程,引起了广大老年人的关注,取得了很大的社会反响。

目前游泳教研室多媒体现场教学系统的二期工程已列入竞技体育与体育教育学院发展规划,功能将更加强大,可以实现技术对比分析、个人自助操作、慢动作回放等功能。

游泳多媒体现场教学系统使得游泳教学与多媒体应用看似两个毫不相关的学科很好地融合到一起。该系统的设计者是游泳教研室主任索鹏,他曾经因喜欢计算机,赴山东大学进修,取得了计算机信息管理专业的专科学历。2003年,索鹏开设并主讲《体育多媒体课件制作与应用》课程,将多媒体技术很好地融合于体育教学。山东省首届高校教师教育软件比赛中,索鹏的《游泳技术教学———蛙泳腿教学》获得一等奖、《篮球战术教学———双掩护底线横切配合》获得二等奖。课题《体育多媒体课件制作与应用》获学校优秀教学成果二等奖。

魅力传统点燃青春激情

杨　蕾

“抓紧了,微信里又开始抢座了……”山东体育学院孔子学堂举办活动前,同学们争先恐后预定座位。

山东体育学院孔子学堂在共青团山东省委、山东省学生联合会和中国孔子基金会大力支持下,于2015年4月挂牌成立,成为山东省高校中第一批授牌单位。孔子学堂(以下简称“学堂”)以弘扬中华优秀传统文化为己任,积极推进中华传统文化进校园,引导广大青年学生培育和践行社会主义核心价值观。学堂坚持以“仁爱”为学堂之魂,以“诚朴、刚毅、乐观”为学堂之训,以“写好字、读好书、做好人”为学堂宗旨,以“修身持志、怡情养性、健全人格、追求成功”为学堂理念,努力培养“文质合一、内外兼修、知行统一”的现代君子。

学校坐拥“孔孟之乡”得天独厚的地理条件,享受着中华优秀传统文化的滋养。学堂根据体育专业学生“思维敏捷,动手能力强”的特点,创新课程设置。一改仅限诵读的国学教学模式,变身为可以“玩儿转”的中华优秀传统文化体验课堂。学堂每堂授课90—120分钟,以传统文化体验实践为主线,穿插讲述传承历史、技艺背景、发展现状、发展前景等理论内容。学堂突出体育特色,将传统体育文化、体育项目和体育元素纳入学堂教学中,将体育人请进学堂,讲述体育与传统文化的故事。学堂邀请国际级裁判杨晓璟教授讲述《体育精神与篆刻的不解缘》,现场教授篆刻技法。师生在杨教授的指导下,仅用了120分钟就刻出了一枚印章。看着自己的第一份“作品”,同学们非常兴奋,非常开心。

学堂自成立以来,坚持“走出去,请进来”的理念,邀请了多位著名专家做客学堂,传授中华优秀传统文化,如国学、书法、绘画、篆刻、茶道、香道、插花等技能,深受师生的好评。越来越多的学生想走进学堂接受中国传统文化的熏陶,了解传统文化,认识传统文化。通过学习,学生对中国传统文化尤其是齐鲁文化产生了深厚的兴趣。为此,学堂与中国孔子基金会多次沟通,积极组织参与中华传统文化交流活动，连续两年组织师生参加中国孔子基金会、中华全国学生联合会组织的“中华学子朝圣行”活动，以游学朝圣的方式，拜孔子、诵经典，体验和感受儒家文化的博大精深和中华传统文化的独特魅力。

山东体育学院学生对中华优秀传统文化的学习热情高涨，先后自发成立了多个传统体育文化社团，如双手剑社团、螳螂拳社团、查拳社团、武术散打社团、中华养生社团、围棋社团、棍舞龙魂社团、龙狮社团等，这些体育文化社团肩负着弘扬中华民族的体育精神、推动中国传统文化走向世界的重任。双手剑社团曾在2015年12月出访摩洛哥，成为传播中华体育精髓的文化使者。此外，还有蕴含曲艺元素的传统文化社团“笑哈哈”相声社团和国学社团“沐雅国学社”。“沐雅国学社”参加山东省高校工委主办的2016年全省高校大学生“论语大会”获得三等奖，为我校学生开展国学教育开启了新的篇章。

学堂建立并完善了一支专业的运营团队，由表现优秀、工作能力突出的学生会干部兼任。学生会校园文化中心负责学堂的日常运营，承担家具、器具、书籍的清洁工作，承担多媒体设备的维护和使用等工作。“山东体育学院团委”“山体青年”两个微信公众号开辟了“体团·预”栏目，将学堂内容简介和主讲人简介制作成电子海报提前一周刊登，实现网络与校园宣传同步。管理团队在微信公众平台设立抢票端口，听课预约抢位子。学堂运营团队征得授课教师的同意，课后将课程的全程视频制作为“孔子学堂课程”系列，以供师生随时学习。孔子学堂的运作基本实现了“课前有宣传，课中有同步，课后有重放”。

学堂采用“社团约课”与“微信约课”两种课程报名模式。授课对象均采取自愿报名方式，经提前预约来方便做好听课座席安排。授课对象可通过国学社、教职工书画协会等团体报名，也可通过“山东体育学院团委”“山体青年”微信公众号进行网上预约报名。学堂开课以来，堂堂爆满，越来越多的师生都积极参与到学堂课程学习中。学习国学，参与可以“玩儿转”的中华优秀传统文化体验课堂在山东体育学院蔚然成风。

学校党委大力支持学堂建设。学堂经费充足，设施设备完善。学堂教室达130平方米，内设木质孔子像、中堂、老榆木桌椅、监控设备、音响设备、实物展台等。此外，学堂还有藏书3000余册，随时供学生借阅学习。学堂注重整合校内、校外资源，组织师生与中国孔子基金会定期交流，走访学习。依据教学计划，每学年从中国孔子基金会人才库中邀请不少于12位在国学研究领域中有突出贡献的专家、学者为学生授课。丰富而有特色的教学内容，高水平的教学师资，吸引了学院众多师生的积极参与。学堂授课进一步激发了青年学生对中华优秀传统文化的学习热情，拓展了青年学生文化视野，营造了浓郁的校园文化氛围。

小学堂，大智慧。在山东体育学院孔子学堂130平方米的教室里，传播着几千年来生生不息的中华文明。学堂始终以弘扬中国传统文化为己任，致力于点亮每位山体学子心中那盏“中国梦”的明灯，让中华优秀传统文化代代相传、历久弥新。

承诺与坚守

杨　蕾

2009年,我作为基础理论系团总支书记同研究生部张汀老师负责中华人民共和国第十一届运动会自行车赛场志愿者宣传、招募工作。通过对千余名报名者语言表达能力、全运基本知识、团队意识等多方面的考察,选拔了223名志愿者为全运会自行车项目提供志愿服务。志愿者们披星戴月、风雨兼程,每天工作15小时以上,展现出山东体育学院志愿者牺牲小我、顾全大局的团队精神。志愿者中涌现出的许多感人瞬间和感人事迹让我记忆犹新。其中,唐震事迹令我感动至今。

一个清晨,我们按照自行车竞委会要求,准时到达七星台赛场。因为风大,气温低,大家缩着身子围在一起谈论着天气有可能给比赛带来的不利。这时一声并不洪亮但却清晰的“杨老师”打断了我们的谈话。我顺着喊声抬头,一张平静的笑脸迎面而来,这张笑脸让我的目光在他脸上停留了许久。是唐震! 我心里嘀咕着,他怎么先回来了?

“小唐!”我脱口而出。他可能看出了我的惊讶,“事情处理完了,我回来了!”此时身边的这群人中,除了唐震自己也就我能够了解,这张笑脸的背后此时正忍受着多大的悲痛。

这事要从10月19日说起。当时是自行车比赛开赛的第四天,也就是一周前的早上大约六点多,我正骑车赶往自行车场馆,路上接到唐震的电话,他说妈妈生病了,能不能请假。我当时很犹豫,因为志愿者工作安排得很紧凑,用老百姓的话说就是“一个萝卜顶一个坑”,几乎没有能够请假的可能。电话中,我沉默了。他接着说他妈妈病的很严重,我意识到问题的严重性。于是我问妈妈现在在哪里?他说在济南。我问他能不能给分管他的处长请个假,毕竟志愿者分到各处室后,处长是志愿者的第一领导。他在电话的那头沉默了一会儿,很小心地说:“我妈妈走了,我要把她送回家!”直到现在这句话我都一字一句地记着。挂了电话,从经十东路到自行车赛场这一路走来,唐震在电话中最后说的这句话一直在我的耳朵里一遍遍地响起,不知道在他拨通电话的那一刻该是忍住了多大的悲痛。随后的几天志愿服务中,我恪守着对他的承诺,没有向任何人提起这件在他身上发生的无比悲痛的事情。

一周后的今天,他又出现在了十一运会志愿者服务的场地上,丧事办完了,然而在他身上发生的丧母之痛却永不会结束。我把他叫到身边,小心地询问了家中事情处理的情况,他还是尽力地保持着轻松。之后,唐震全身心投入到志愿服务中,话不多,但总是面带笑容,认认真真、耐心细致地做事,赢得了赛场运动员和工作人员的一致好评。

志愿工作即将接近尾声,优秀志愿者的评选也在紧锣密鼓地进行当中。我与张汀交流了一下意见,决定将唐震的事情汇报学院领导,并经领导指示将唐震的情况汇报竞委会。在征得唐震同意后,我向十一运会志愿者管理处汇报了他的情况,还要上报组委会志工部。然而,就在这件事情上我们遇到了困难:向志工部汇报,要将他的情况整理成文字材料,需要他的配合。再一次让他回忆母亲临终前的情景,会让他再次承受痛苦,就好比是在还未愈合的伤口上撒了一把盐,作为老师真的不忍心。但是为了宣传他"忍受丧母之痛,坚守在志愿服务岗位上"的精神,我再一次鼓足勇气找到了他,把我们的决定表达清楚。他听完后哭了,哭得就像个孩子。他一次次地把头拧过去,一次次地用手抹着泪。这一刻,我知道,这才是真真正正的他,一个刚刚失去母亲的孩子。我们交谈了很久,也一同落泪许久,他说直到现在他觉得妈妈没有走,他觉得妈妈还在家里等他。他说他觉得妈妈走得没有遗憾,因为妈妈在弥留之际看到了穿着志愿者服装的他,妈妈说他很精神,嘱咐他要好好工作,不能给学校丢脸。他带着妈妈临终的称赞回到了自己的岗位上,同伙伴们搬运器材、维护赛道、按扎帐篷、设置赛道护栏、设置沿途警示牌……恪守志愿者的承诺,坚守在志愿者的岗位,履行着志愿者的义务。

赛场上的运动员是胸前挂满奖牌的英雄,然而,在英雄们身后的这一群默默付出、低头奉献的志愿者们,何尝不是值得赞扬的勇士呢?

行稳致远 追求卓越

刘 蕾

2017 年的 10 月、11 月之交,对于山东体育学院来说注定是不平凡的,必将成为学校发展史上具有重要历史意义的时刻。

10 月 26 日,山东省教育厅公布《2017 年新增学位点推荐名单》,我校申报的教育硕士专业学位获推荐资格。11 月 2 日,山东省教育厅印发《关于公布 2017—2023 年博士硕士学位授予立项(培育)建设单位的通知》,我校成为山东省 12 所立项(培育)建设单位之一。学校获批成为博士学位立项(培育)建设单位,是办学水平及综合竞争力明显提高的重要标志,是学校发展中的一次重大机遇,对进一步提升我校办学层次、实现学校跨越式发展和内涵发展具有重要而深远的意义。

2017 年 6 月底,接省教育厅《关于开展 2017 年博士硕士学位授权审核工作的通知》后,学校党委高度重视,决定抓住这次申报机会,以审促建,力争实现学校跨越式发展。随即,学校成立了以党委书记王毅、院长毛德伟为组长,副院长毛莉虹为副组长,由研究生教育学院牵头,科研处、人事处、教务处、院办公室、财务处、发展规划处、竞赛训练处、体育社会科学学院、体育传媒与信息技术学院、运动与健康学院、图书馆等部门共同参与的博士学位授权申报工作组,确定了三项工作任务:申报博士学位立项单位、申报体育学博士一级学科和申报教育硕士专业学位。并相应成立三个申报小组,由吴耀宇、刘远祥、张志勇分别担任三个申报小组的负责人。7 月初,全部人员就位,申报博士硕士学位授权工作正式启动。

其间,学校多次召集会议,研讨部署申报工作。7 月下旬,学校在办公楼五楼会议室召开申报工作会议,王毅、毛德伟、毛莉虹听取了三个申报小组负责人的汇报,全体工作人员一起讨论材料申报中的疑难问题并提出解决方案,会议开的民主、热烈,争论不断但富有成效,从早上九点一直开到下午近两点。

申请博士学位授予单位要求提交不超过 3000 字的《申请新增博士学位授权

单位情况的报告》(以下简称《报告》)和《申请博士、硕士学位授权立项建设单位简况表》(以下简称《简表》)。《报告》要求全面体现学校发展情况、办学定位与特色、师资队伍与水平、人才培养与质量、科学研究与贡献、条件支撑与管理等方面的情况。《简表》要求详细列出学校2012年1月1日至2016年12月31日五年间的支撑数据和材料。

申报工作时间紧、任务重、要求高。教育部对于申报材料造假和不认真的行为采取一票否决,所有的材料务必有出处、有依据。从接到工作任务的第一天起,全体人员就处于高度紧张的工作状态,这从"申博工作群"的聊天记录里就能反映出来,不少问题都是在深夜、周末、假期提出来,很多时候都能在第一时间得到回应。为保证及时、顺利完成数据上报工作,工作人员每天都工作至深夜,甚至通宵达旦。

7月24日,三个申报小组向学校提交了申报材料初稿,又经五次大的修改,7月30日确定了终稿,相关人员根据最终稿将所有数据上传至平台,8月1日上午将纸质材料提交至教育厅。

8月下旬,教育厅将公示后的反馈信息传至我校,我校修正了材料中的个别错误,详细说明了有关疑义。8月30日,提交了情况说明和最终材料。至此,我校申请博士学位授权单位、体育学博士学位一级学科和教育硕士学位点的材料整理工作全部完成。冰冻三尺非一日之寒,为山九仞岂一日之功。"十三五"期间,在"五大发展战略"引领下,全校师生员工辛勤耕耘,学校事业发展迅速,捷报频传,在人才培养、体育研究、服务社会、文化传承与创新等方面都取得了非凡的成绩,夯实了创建国际知名、国内著名、特色鲜明的应用型专业体育院校的坚实基础。

2016年,我校学生和校友在里约奥运会获3金2银2铜;7月11日,山东省体育局、山东体育学院体育科技服务创新研发平台(机构)正式启动;社会体育指导与管理专业群(公共事业管理、休闲体育、健康服务与管理)与特殊教育专业群(运动康复、运动人体科学、应用心理学)获批山东省高水平应用型培育立项建设专业(群);学校成功承办SCBA第一届全国体育院校篮球联赛。2017年,国家足球学院、国家篮球学院落户山东体育学院,开启了以足球、篮球为特色的应用型国家级专项运动学院的建设征程;校园足球训练营总营地落户山东体育学院;山东体育学院爱马人国际马术学院成立,是国内首家开展马术运动本科教育的体育院校;学校成功举办第二届全国体育院校篮球联赛并蝉联男篮冠军;学校近300名学子和校友参加了第十三届全运会24个大项目的角逐,取得37枚金牌、21枚银牌、16枚铜牌的佳绩;我校获本科教学工作审核评估专家组高度评价,顺利通过评估。

这些成绩的取得为学校获批成为博士学位立项(培育)建设单位奠定了坚实的基础,是学校坚持“对接需求、协同创新、集聚特色”的发展理念,积极对接国家全民健身、健康中国、“双创”战略需求和体育事业核心业务发展需求,不断提高学科建设、师资队伍建设、人才培养质量、教学科研水平、服务社会水平结出的硕果。

“获批博士学位立项建设单位,是学校发展中的一次重大机遇,对于进一步提升我校办学层次,形成从大学本科、硕士研究生到博士研究生的完整人才培养体系,建成国际知名、国内著名、特色鲜明的应用型专业体育院校具有十分重要的意义。”党委书记王毅说。

筚路蓝缕,以启山林;百尺竿头,更进一步。发展不能停歇,提升没有止境,被授予博士学位立项建设单位是山东省委和省政府的信任,也是重托,未来五年的建设任务繁重,意义重大。2017 年是辉煌的一年,经过五年不懈努力,2023 年的未来更加值得期许。方向已定,需要倍加尽力,我们将乘着十九大的东风,高擎习近平新时代中国特色社会主义思想伟大旗帜,锐意进取,埋头苦干,争取早日实现建成博士单位的山体梦。

新起点　开启山体复建新历史

刘　蕾

走进校史馆,承载学校一段段发展历史的照片总能让我心潮澎湃,思绪难平。第三部分历史篇历史沿革中有一张合照,照片拍摄于1979年,是我院复院后,教职工在学校大门口前的第一次合影,每个人的脸上都洋溢着止不住的笑意,还有对学校未来发展的美好憧憬。照片右侧,学校的大门口上挂着学校的校牌,校牌上"山东体育学院"六个大字气势磅礴、遒劲有力。看到这张照片,仿佛看到学校复建时自强不息、开拓进取的山体人迎面向你走来。

故事要从1978年讲起。1978年,是中国发展史上具有重要意义的一年,也是山东体育学院发展史上具有划时代意义的一年。

1978年12月28日,教育部(78)教计字1427号文《关于同意恢复和增设一批高等学校的通知》:"经国务院批准,同意恢复和增设普通高等学校一百六十九所。"山东体育学院在同意恢复的普通高等学校名单中。

1979年2月23日,山东省革命委员会教育局转发教育部《关于同意恢复和增设一批高等学校的通知》。山东省革命委员会体育运动委员会调时任菏泽地区体委副主任韩之波同志(1991.04.08—1996.07.01任山东体育学院院长),具体负责筹备复建山东体育学院的工作。4月21日,山东体育学院筹建处成立,韩之波同志负责筹建的全面工作。

由于学校原校址上已成立山东省体育工作大队,所以山东体育学院复建时"房无一间,地无一垄",筹建工作困难重重。筹建处的教职工为学校筹建工作四处奔波,1979年6月14日,省体委决定,山东体育学院暂借山东省业余滑翔学校(济南市文化西路2号)北楼的三四层,筹备开学工作。

校舍问题解决以后,韩之波打算请舒同同志给学校题写校名,舒同曾任山东省委第一书记、中国书法家协会主席等职,老领导凭着一颗力争要把体院做到最好的决心,一口气接连给舒同写了三封信。精诚所至,金石为开,最后,舒同给山东体育学院题写了校名，并让秘书代写了回信。

校牌制作好以后，挂校牌时又有一段小插曲。因为当时学校是暂借滑翔学校校址，所以门口挂的是滑翔学校的牌子，滑翔学校当时还有一个名字叫“济南第五十四中学”，因此学校门口一左一右全是滑翔学校的校牌。经多方沟通协调，8 月 30 日，除邱建华（电视居《武松》孔二娘的扮演者）同志以外，当时在校的韩之波、张启昌、隋毅刚、郑可昌、张锡淳、郑士夏、王洪勋、李德棣、辛建英、尉民生、汝永武、马如龙、尹永强、苏伟丽、段文涛、吴宝雷、刘爱华、王永胜、孙健、管仁利、潘耀滨、孙志坚等 22 名教职工员，兴高采烈地把“山东体育学院”校牌挂到了省业余滑翔学校的门口并合影留念，于是便有了今天我们在校史馆书室传画册上看到的那张珍贵照片。

时光荏苒，岁月蹉跎，老一辈山体人不怕艰辛、团结奋斗、勇攀高峰的精神品质，是我们山体人永远的财富。他们的无私奉献精神和革命热情将永远激励着我们勇往直前，再创山体辉煌！

在排球场与学生一起成长

毕　楠

每次一到排球场，看到熟悉的排球，看到一脸渴望的学生，作为排球教师，就充满了力量，想把自己所有的专业知识和技能都传授给学生。从排球运动员到排球教师，我想，我这一辈子都离不开排球了，也不想离开排球。

作为国家首批沙滩排球运动员，室内排球和沙滩排球两项运动健将，我曾有过18年的专业运动员经历，其间曾担任山东省女子排球队运动员兼教练，多次入选国家队，参加过亚运会、亚锦赛等重大赛事，获得过亚洲锦标赛冠军。在排球场上摸爬滚打，流过泪，流过汗，排球是自己青春年华中不可磨灭的记忆与情感寄托。因此，在2004年7月退役后，我选择到山东体育学院任教，从一名运动员转型为一名排球教师。

山东体育学院为我提供了非常好的平台，让我在排球教学中，继续与自己喜爱的排球相伴。从专业队伍到大学校园，从排球队员到大学教师，我慢慢地开始调整自己的状态，转换人生方向。排球专业课上，我会一边做示范一边讲授技术要领，从技术动作到训练技巧，从比赛规则到赛场组织，都结合自己的参赛经历为学生进行详细讲解，慢慢体味到了作为一名教师的尊严和喜悦。学生很认真地听课、练习，有时候课后还兴致勃勃地与我谈论排球，这时，我感到特别开心，更激发了全身心地投入教书育人工作的热情。我觉得，作为运动员，为省效力、为国争光，是一种荣耀；而作为一名人民教师，为人师表、爱岗敬业那就是另一种荣耀。

排球赛场是多年来我一直密切关注排球运动发展的窗口。在课堂上为学生讲解赛场规则和裁判理论时，我发现国际大赛的排球规则以及技战术在不断发生变化，作为大学教师获得的信息必须不断更新。为了更好地掌握最新信息，在完成术科教学任务的同时，我密切关注排球裁判，并把学习的视野扩展放到了排球裁判工作上。2003年9月，我考取了国家级裁判资格，2012年8月顺利通过国际级裁判员考试，成为山东省第二位具有沙滩排球国际级资格的裁判员，也是该项目我省唯一的国际级女裁判。这些都离不开学校的关心和支持，离不开同事们的帮助和鼓励。

此后，我积极参加国内外比赛的裁判工作，足迹遍布三个大洲，近10个国家，积累了丰富的赛事组织和裁判工作经验。2008年北京奥运会，第十、十一、十二、十三届全运会，2010年广州亚运会，2014年第二届青奥会，2012年、2014年亚洲沙滩运动会，2005年至今每年的国际排联世界沙滩排球巡回赛、大满贯赛等国内外重大沙滩排球比赛的赛场上，作为来自中国山东体育学院的裁判，我努力做到公平、公正执法，以严谨的作风、标准的动作、干练的风姿体现出专业的裁判水平，表现出良好的职业道德素养和精神风貌。在国际大赛上，来自各国的裁判聚集在一起，我觉得自己站在赛场上执哨展示的不只是我自己的裁判水平和裁判素养，更代表了中国裁判、山东裁判、山东体育学院的形象。如果我哪一点做得不好，就会说中国裁判做得不好。所以无论是赛前组织的裁判培训还是比赛中的每一场赛事的裁判工作，我都努力做到最好。

高水平的国际比赛，运动员技战术高速发展，发球凶猛、进攻球速快、网上争夺激烈等因素，增加了裁判的难度，并对裁判员的临场执法提出了更高的要求。裁判规则也会随着比赛的发展适时做出更新和调整。我把参与国内外最高级别赛事当作最好的学习机会，认真研究、熟练掌握赛事组织和裁判规则，下功夫学习了英语、德语等多种语言，把熟练运用英语作为吸取更多知识的工具，增强了与世界各国裁判的交流和沟通。2012年伦敦奥运会后，国际排联更改了新的奥运周期的竞赛规则，受中国排协沙滩排球裁委会委托，我翻译校对了《沙滩排球竞赛规则》(2017—2020)版。

几年来，我把最前沿的排球比赛项目规则、赛事环境和项目发展趋势带回到校园，运用到日常教学和训练中。在课堂上，我经常穿插讲述正规沙滩排球比赛的规则以及裁判判罚要点。每次大赛执哨回来，也与老师们以及山东的裁判们交流，分享最新的赛事动态、规则变化和裁判方法，并及时应用到实际教学中，共同促进学生整体素质的提高。很多学生在学习排球技术的同时关注裁判、了解裁判继而喜欢上了裁判工作，在校期间就考取了排球裁判资格证，逐渐走进裁判领域。看到学生逐渐成熟，慢慢成长，作为老师，我深感欣慰。

我深爱着排球，深爱体育教师这个职业，总是希望能够将自己对排球的执着和热爱，在潜移默化中影响学生，鼓励学生。跟学生在一起，感觉自己充满了活力，是快乐的。每年新生入校，看到学生满含渴望的眼睛，看着一张张年轻的脸庞，总是希望自己能让他们在学校里多学一点，更充实一些，他们的成长和成绩就是对教师最大的认可。每每听到上课铃声响起,我总是像迈进比赛场地一样,把每一次专业课都看作是一个新的比赛,调动所有的能量集中在学生身上,每一个动作都力求完美,每一次击球都力求到位,每一个裁决都力求精准。当学生亲切地喊一声"老师好"时,感觉一切辛苦都值得了。

学生跟我很亲,已经毕业的学生有了成绩也会告诉我。看到学生走出校园开拓更广阔的发展空间,我为他们感到高兴,比自己取得成绩还要激动。我想,这就是教师的光荣,这就是师生间深厚的感情。

恍然间,已经在山东体育学院度过了十几年光阴。回想起来,更多的是感恩:感恩学校为我们教师的发展提供了很好的平台;感恩学生对老师的信任、尊重和理解;感恩同事们共同努力一起进步,感恩课堂让我不断充实不断进步。岁月静好,一切如旧,我和我的排球仍然在一起。

我的山体故事

刘　蕾

2018 年,山东体育学院迎来了她的 60 岁生日,我想,作为一个山东体院人,应该写点东西表达一下对她的敬意。打开记忆的藏库,我与体院的点点滴滴似月照花林般美好。

2003 年的 7 月,当时的济南已经非常炎热,太阳在上空明晃晃地炙烤着大地。我揣着各种材料来到当时还位于文化西路 10 号的山东体育学院办理入职手续。当时人事处的王永青老师说,先去这里,再去那里,再去……对于在自己家里都能晕头转向的我,这些地方像小金豆一样在我脑袋里炸开了,只感觉晕晕乎乎的,具体什么地方是一点听不明白了。“听明白了吗?”老师问,我只能用摇摇头来回应,“杨蕾,济南你熟,带着她一起办理一下手续。”王老师热心地帮我介了一个向导。“好嘞,没问题。”那个叫杨蕾的,跟我一样来办理入职手续的胖姑娘,我未来的同事回头冲我一笑,喊:“跟我走吧!”她干脆、利落地带着我办完了各种手续。“真幸福啊! 像济南夏天一样火热的姑娘!”即使今天回忆起来,内心依然感动满满。这是我到山体收获的第一份温暖。

2013 年,我教了一门《普通话训练与口才艺术》的课程。为了提高学生普通话训练的积极性,我决定办一场诗文朗诵比赛。令我没想到的是,学生的参与热情超出了我的想象!

“老师,你帮我看看,我朗诵这首诗可以吗?”

“老师,下了课,我可以去你办公室,你再教教我 zh、ch、sh 的发音吗?”

“老师,我们系其他班级听说咱们举办诗文朗诵比赛,他们想问问能不能参加?”

就这样,一个班级的比赛扩展成了一个系部的比赛,但随之而来的问题却让我犯了难。

“老师,咱们比赛地点在哪? 如果在五楼报告厅的话,你得去申请。”

“老师,咱们还请其他评委老师吗?”

“老师,比赛完了,咱们还发荣誉证书吗?发的话,咱们经费从哪出?”

讲真话,我除了会教课,组织活动还真是头一回,没想到会有这么多问题等着我去解决。往前走,困难重重,步履维艰;但是我知道,我也不能后退,我得给学生做好示范,在困难面前必须执着前行,不能当逃兵。正在为难之际,学生建议我说:“老师,可以去寻找我们系里的支持。”一语点醒梦中人,我立马去向武术系的领导汇报情况,没想到武术系的王美娟主任给予全力支持,场地、经费问题迎刃而解。

剩下的准备工作也是相当琐碎,确定参赛学生名单,确定参赛顺序,确定评分标准,邀请评委老师,制作荣誉证书,确定颁奖嘉宾……这所有的细节都不能马虎,一个细节出现问题,就有可能千里之堤,溃于蚁穴,这些对于第一次组织活动的我来说,的确是不小的挑战。

还有非常重要的一个问题是,这次比赛的参赛原则是自愿参加,所以我得辅导好每一位参赛学生,以确保比赛的水准不能太低,这又是一个不小的挑战。

如何兼顾,让所有问题都能解决?

“老师,你只管负责辅导参赛选手的朗诵就行,剩下的由我们来做。”班委自信满满地对我说。

我承认,这是我任教后听到的最暖心的话,这话是我的学生说给我的。

在那之后的半个月里,每天下了课以后,我都泡在办公室辅导学生,班委们则忙碌着其他各项准备工作。在那段忙碌的日子里,我和学生都有了收获和成长。

比赛那天,学生们在舞台上的表现出乎我的意料,没有紧张,没有羞怯,只有自信满满,反而是我,担心了好一阵。比赛举办得相当成功,看着洋溢在学生脸上的笑容,我突然感觉到来自于内心的幸福。这使我确信,教师是阳光下最温暖的职业。这是山体给我的职业幸福。

时间来到2014年,这一年,我调整到宣传部工作;这一年,我迎来了我的第二个宝宝。在我怀孕到第七个月的某一天下班,刚出办公楼,发现班车已经起动了,抬脚想去追,怎奈孕肚太大,根本跑不动。此时,谷忠德副院长正从办公楼里出来,谷院长三步并作两步,替我追上了班车。当时,谷院长抬手为我拦班车的动作,我觉得是我见过的最帅的动作。这是山体领导给我的温暖。

时间继续前行到2015年某一天,我们校报想做一期关于学习的专版,我从网上搜集了一些大家名人关于学习的言论,打算做我们观点的理论依据,其中有一条是鲁迅的言论,从来没想过要去求证网上知识的真伪,扒下来直接就用了。当把这期报纸的清样呈给张云龙副书记审阅时,张书记一眼就看出了这条言论的错误,问:"鲁迅说过这样的话吗?"这一问,我直接懵了,愣在那,不知该如何作答。"鲁迅先生的书,我全都读过,而且读过不止一遍,我确信鲁迅先生没说过这话。"此时,我已经不能用任何语言来描述我的震撼了,这是我在山体接受的最生动的关于学问的教育。

我和山体的故事还有很多很多,不能一一细数,但山体给我的温暖、感动、教育,我将珍藏于心,带着这些温暖感动与她一路同行!

心之所系

于淑丽

新学期开课五周后，一向认真听课的他从教室里不见了踪影。他不是那种随意缺课的孩子……我心想，便询问大家，班长回答道："老师，他家里有事。"

一周、两周、三周以后，他回到了课堂上，只是不再抬头，脸色沉重。

他定然是生活里遇到了重大的变故！偶尔抬起头，我明明能看到他眼里的泪。是什么呢？看样子像是亲人出了事。这种事该问吗？如果他不想说，还是别提了……在第八周第九周的四次课里，每每眼神扫过整个教室时，他的状态总会让我揪心一次。

希望他能自己走出来，要加油啊……可是，这已经过去两周了……我在焦灼中纠结、踟蹰。

经过了活动丰富的实践周后，第十一周，他依然无法释怀，课堂四十分钟的时间，他抬头看黑板的次数寥寥无几，在这仅有的几次专注里，依然能看到泪眼蒙胧。对一个十七八岁的孩子，这该是多大的打击啊。于是，那一节下课后，我决定和他谈谈，有些痛必须得直面，有些疮疤也必须得碰，否则找不到医治的办法。

"李＊＊，我知道你遇到些事，但是有些事既然发生了就只能面对……"我话还没说完，他已泪流满面泣不成声，看到这般，我只能收手，"我只是想说，如果你想跟我谈的话，可以随时来找我。"他拭了把眼泪鞠了一躬哽咽道："谢谢于老师。"

大约又是两三周以后，下课时他来找我，"于老师，我能找你谈谈吗？"

"可以！"我说。

"老师，我父亲……过世了。"

"我知道。但是，得面对。"

"老师，我每天晚上有很多次想从宿舍的窗户上跳下去……"他费力保持的平静在说到这句话时再一次被悲伤冲决堤坝，眼泪扑簌簌地往下流。我从未见过一个男孩子哭得如此伤心，但是也很理解，因为我在母亲刚离去不到一年的时间里，也处于一种无助、痛和绝望的情绪中。一个还在上学的孩子需要在一夕之间面对并接受这突如其来的变故，确实很难。

“我知道，我懂，我也经历过，但是，有些事情改变不了，无论你愿意还是不愿意，都得接受。伤心是正常的，只要能忍过去，时间会慢慢冲淡一切。就像我的老师对我讲的，虽然他离你而去了，但是他对你的爱一直都在，因为你是他生他养他教育出来的，你的一举一动都是他的精神他的品格……”我极尽所能地安慰他，但依然感觉到言语的苍白。

面对生死，该怎么长大，我自己尚且都不能弄明白，又如何安慰、帮助他？我第一次深刻地体会到作为老师绝非仅仅教授知识就可以，也第一次清晰地意识到要做个好老师，需要深入学习心理、情感等多方面的知识。否则，面对此类事情时，处理起来真是捉襟见肘。

那次交谈之后，他从容了些，虽然依旧会在上课的时候愣神，但是那种难抑的悲伤已经少了很多。课下遇到他的时候，伤心的事还是不能多提，不经意间说到时，他还是有那么一瞬眼含泪花。看到他在慢慢调整自己并已经好了很多，作为老师，还是非常欣慰。

师生之间，除了教与学的关系，更有情感的交流。我深刻地体会到，老师，确实是凭心而行的职业。

我在山体

李海霞

值此 60 年校庆之际,非常迫切想抒发一下真正山体人的感受。2006 年 3 月从一街之隔的山师大通过投简历、试讲等程序来到了山东体育学院,并在 6 月份如愿以偿地成为山体人。虽然就业梦想实现了,但也很快随学校大部队从济南校区搬迁到日出之城日照校区,心里还是有点五味杂陈,有种不知祸福旦夕的感觉,从省会到了三线城市,心里还是有落差。但从搬迁、报到、再到年底 2006 年教学评估工作,半年工作期间就被山体人热情、乐观、奋发向上的精神所感染,深深爱上我选择的单位、我的家园,一直到现在包括未来不离不弃。

我喜欢买点书,所以硕士毕业时在宿舍里收拾出了三纸箱书,这么重,怎么运到日照校区呢?抱着试一试的想法,跑到当时济南校区系办公室门口,谁也不认识,咋办?看见有人出来,张口就介绍自己是刚应聘来的教师,问能不能帮忙捎些书到日照?结果同事(后来才知道她是某系党总支书记)非常热情,一点不拿架子,微笑着说,学校后天有大车去日照,正好可以给捎过去,并让我留下联系方式,直接找她。还依稀记得当时在回宿舍路上是那样的幸福,我们单位怎么这么好!同事怎么这么给力!

2006 年 12 月,学校面临着教育教学评估,所以 7 月份新教师就到日照校区报到,系主任魏平在全系大会上热情地一一介绍了我们这些新成员,既动员又鼓励,给予我们一个温暖家庭的拥抱,紧张与拘束感立刻跑得无影无踪。到教研室后,教研室同事们嘘寒问暖,给予教学事务上的无私帮助,当时还想,我咋这么幸运呢?这不就是我理想的工作环境吗?后来由于学生工作的需要,被委任为兼职辅导员,心里有点打退堂鼓,觉得自己管理不好学生,书记一句话,"咱们这么多人,一起努力,真有你一个人解决不了的问题,有我们大家",听着信心倍感十足,感觉不努力都不好意思。在半年评估准备工作中,从领导们到老师们再到学生们,大家加班加点,不辞辛劳,紧张但有序地进行着各项工作,有苦有累,但我也收获了奋发向上的山体人精神，因为无数个这样山体人的努力，2006 年教学评估工作以优异的成绩顺利通过。

2006 年教学评估结束后，一切都回归正常轨道，2007 年我结婚生子，过了三年平静的相夫教子生活。但每学期都惧怕开会，因为每次开会领导都会对年轻教师提出希望，鼓励年轻的教师们要多出去参加学术会议，开阔视野，可以的话，要攻读博士学位，提升教学科研能力……每每听到这些，心中充斥着内疚、感慨以及冲动。2010 年，我终于鼓足勇气下定决心准备考博。考博之路是艰辛的，抗战四年，两次过线，一次复试环节淘汰了，中间也曾想放弃过，但魏主任的鼓励以及无私帮助还有教研室同事的关怀，让我一直坚持在考博的路上。事到今日，我已毕业，对学院给予我们年轻人创造的积极向上的人文工作环境心存感激。

从 2015 年开始，学校顺应时代发展大潮流，每天都在发生变化，这还是我的单位吗？我有点疑惑了，感觉稍微不进步，不努力，就赶不上学校发展的节奏了。从 2015 年开始，学校先后成立国家体育总局科学健身示范区（筹）、山东省科学健身指导中心、山东省互联网＋体育科技协同创新孵化基地、山东省老年人运动与健康研究中心、山东省省直机关职工体质健康管理指导中心、山东省体育发展政策研究中心、山东省学生体质健康促进中心、山东省体育史志办公室、齐鲁体育文化遗产博物馆（齐鲁体育文化研究中心）、山东省体育产业发展研究中心、山东省校园足球发展研究中心暨训练总营等体育科技服务创新研发和人才培养平台，确定十三五期间“对接需求、协同创新、聚集特色”的发展理念，确定了到 2020 年，学校迈入国内体育院校先进行列，基本建成特色鲜明的应用型高水平专业体育院校的短期目标以及创建国际知名、国内著名、特色鲜明的应用型专业体育院校的长期目标。在学校发展理念与发展目标统领下，教师们和学校一起在路上努力着。

本想着 2016 年博士毕业回来休整一段时间，不曾想以前宁静的教学生活从此一去不复返，人才培养、专业建设、学科发展、学分制下人才培养方案修订、教学评估、平台建设等等工作都要通过大家努力甚至加班加点来一一完成，领导、教师和学生们都乘上一艘快速前进的山体之舰，航行于时代潮流中，谁也不能懈怠，谁也不能下船。2017 年 10 月份，学校又迎来教育部教学审核评估，我的角色也发生了转换，由曾经的新人变成了学院中坚力量，在教学审核评估工作中，顺利完成了教研室主任和专业负责人应该承担的工作，也锻炼了自己，正如学校的成长变化一样，个人也变得强大和自信了，当然感受最深的还是我们山体人越战越勇、拼搏团结向上的精神。

我的大山体虽然不是白富美、高富帅，但她是我生活工作的快乐家园。随着质量立校、人才强校、科研兴校、文化铸校、依法治校这五大发展战略的贯彻执行，学校在日渐成长，变得更美更好更强！在这里，学生度过了人生之初最美妙的时光。在这里，他们结识同伴，拜会师长，亲近了知识，和老师同学们在一起遨游知识的海洋，感叹知识世界的奇妙，领略了人类创造的伟大。在这里，老师在领着学生亲近知识的同时，也享受着教育的幸福。青春如舞，岁月如歌；生命不息，奋斗不止。加油吧，大山体！时代的发令枪声已响起，奔跑吧，大山体！

我这十三年

牟 艳

2005 年,是不平凡的一年。那年我 27 岁,结了婚,找到了工作。以 4 篇核心、3 篇省刊以及优异的学习成绩拿到了 211 高校的硕士研究生的学位证,踏进了山东体育学院的校门,开始了我人生中的第一份工作。或许,也是最后一份工作。还记得 7 月份到日照校区报到时的那场大雨,酣畅淋漓而又朝气蓬勃。

记得自己第一次走上讲台时的紧张与慌乱,还记得因为没备好课,心生的愧疚……还记得一个学期上 360 学时的课,并兼着五专部 4 个班辅导员时的狼狈:每晚查夜到 12 点,第二天 6 点出操,出完操接着上课,上完课赶紧备课……还记得因为偶尔的懈怠被领导痛批到哭……俗话说“醉后方知酒味浓,为师方知为师难”,回想起来,感觉那是一段充满酸涩而又艰辛的日子。但我深信:万事开头难,唯有坚持,方能成功。

2007 年,女儿出生。初为人母的我,在工作与家庭中不断地寻求平衡,在领导和同事的关照下,日子过得风平浪静。不曾忘记,金丽颖主任在得知我所学的专业时,便主动联系其他系部,帮我把日照校区的《体育史》课程开了起来。不曾忘记,魏平主任成立了齐鲁体育文化教研室,曾多次鼓励我要多出成果,还主动派我和另一位普通老师出去参观学习……但,那几年我是心有余而力不足。爱人在部队,聚少离多。家庭的重任和排得满满的教学工作已让我无暇顾及其他。现在每次碰见魏主任依然心生愧疚。不曾忘记,我参加学校的青年教师教学比赛,同教研室的李海霞老师和孟庆方老师帮我出谋划策、听课、指导、提改进建议。不曾忘记,教研室主任王清忠老师和王芹老师每次排课都会给予我的照顾……生活的点滴,刻画在我的记忆深处,让我心怀感激,也不断地催我前进。

2013 年,女儿上小学了,我也来到了济南校区。每天早起赶班车、上课、下课、赶班车、堵车……周而复始。生活节奏变快了,人也变得忙碌和充实了很多。学校的变化也是日新月异,学校的学风、考风发生了显著的变化,爱学习的、考四六级的、考研的学生逐渐地多了起来。学校的各项工作都在大跨步地向前迈进,教学和科研并重、训练和竞赛并举。学校教师的待遇也在不断地提升,这种进步和跨越式的发展也给一线教师带来了无形的压力和动力。教师们也都铆足了劲,不断地探索和提升自己的教学水平和业务能力。

2015 年,儿子出生了。爱人也从部队转业,结束了牛郎织女般的生活。环视当年同入校门的同事,早已比我走得更远。在学院领导的多次激励下,我想我也应该专心做点事情了。于是,跑图书馆、查资料……殊不知,放下科研这么多年,重新拾起,已恍如隔世,期刊的发表难度已经今非昔比。在经历了一段潜心历练之后,2017 年我终于收到了核心期刊的录用通知。我知道,这只是开始。

2018 年,我已 40 岁。人生最重要的 13 年,我与山东体育学院为伴,尽管我曾踟蹰不前,但她没有抛弃我。尽管我不完美,但她依然待我如初。这 13 年里,有欢笑、有泪水、有成功、有失败。都说四十不惑,但对我来说,生活中需要学习和经历的东西还会更多,唯有不忘初心,不负芳华,方能走得更远。

谨以此文,献给山东体育学院 60 周年校庆,祝愿山东体育学院的明天更美好!

在执教网球的道路上砥砺前行

李　彦

六十载风霜雨雪，六十载弦歌不辍，代代山体人薪火相传、奋进不舍，共同谱写了一甲子华章。

从建校初期的艰苦创业，到改革开放后的稳步发展，再到新时代的跨越提升，从老济南城一隅的校本部到日照滨海之岸和东部新区的新校区，回顾60年筚路蓝缕、接力传承的发展历程，我深切地感受到：学校之所以在不同的发展阶段不断壮大、桃李芬芳，面对任何挑战都能坚定信念、执着奋进，正是由于秉承了“坚卓竞远”的校训，发扬了“严勤创实”的优良校风。

体育强，中国强；国运兴、体育兴。我自2003年就业于山东体育学院并执教网球教学训练工作起，如今已在山体工作生活了近15个春秋，也见证了山体以及自身在教书育人方面取得的进步。“坚卓竞远”的校训和“严勤创实”的校风时刻鞭策着我在工作上要以严谨的治学态度、强烈的教学责任心、恪尽职守的工作热情去教书育人、在本专业中去追求突破。

2005年，我被山东体育学院和山东省体育局推荐参加国家体育总局网球运动管理中心的国家级网球裁判员考试，并顺利通过成了山东省首位也是至今唯一一位国家级网球女裁判。之后，我连续参加3届全运会网球竞赛项目执裁工作，连续6年执裁北京中国网球公开赛，多次执裁国内外职业选手参加的网球比赛。特别是在软式网球竞赛训练方面，我于2006年入选中国软式网球国家队教练组，带领队员代表学院代表国家参加世界级比赛并取得了多项荣誉：2010年在广州亚运会获得女单金牌；2012年世界锦标赛获得混双银牌、团体铜牌；2013年在天津软式网球世界级大赛获得女双金牌；2013年在天津东亚运动会获得女单银牌、团体铜牌、混双铜牌的优异成绩；2014年在仁川亚运会获得软式网球女子单打和混合双打银牌、男子单打铜牌、男子团体铜牌及女子团体铜牌。2012年我获得山东省人民政府颁发的“一等功”称号。作为一名山体人，我清楚地认识到每次的成长经历和获得的荣誉对自己来说都是一种历练和鼓励,感谢学校的关爱和提供的实现人生价值和意义的舞台。

跨越六秩,满天云锦;瞩目未来,风正帆悬。站在新起点,我只想说:作为一名教师,教好一堂课不难,难的是教好每一堂课;作为一名学者,写好一篇论文不难,难的是写好每一篇论文;作为一名教练,训练好一位学生不难,难得是训练好每一位学生。我将牢记"坚卓竞远"的校训和"严勤创实"的校风,不忘初心,砥砺前行。

以审计精神立身　以自我修养立信

李　欣

时光荏苒，岁月如梭，今年山东体育学院迎来了她的六十华诞，忆往事看今朝，六十年，似长亦短！一代又一代的山体人用顽强的拼搏精神和敢于创新的信念，与山体一路风雨同行。

回想起在山体快乐的日子，激动不已，我为成为新时代的山体人感到骄傲和自豪。

初入职，我从事财务工作。那时，学校坐落在文化西路10号院内，有一个小的操场，一座办公楼，几栋学生宿舍。随着学校的发展，2002年建立了日照校区，2009年建立了济南新校区，师资力量、学校规模日益扩大，财务工作日益繁忙。随后，我被调至日照校区担任财务主管，一年后，又转到体校财务科主管，两年后又调回体院财务处，自始至终，任劳任怨，无怨无悔。伴随着学校的发展，我也逐渐成长，不但完成了中级职称的评定，还通过自学，考上了本校的在职研究生并顺利拿到了硕士学位。

2014年，根据工作需要我被调至人事处。在人事处我负责人事管理、职称评定、人才引进、社会保险及养老保险等具体工作事宜，继续为教职工做好服务。2015年，我服从组织安排，调整到审计处。虽然工作性质不同，具体职责发生了转变，但对工作的热情丝毫未变，面对高强度的工作任务和挑战，认真学习、努力工作，在同事们的指导下，克服困难、全力以赴，很快进入审计角色，掌握审计技能，依法对工程项目进行审计并提交审计报告，顺利地完成各项审计任务，得到了领导和相关部门的肯定。

俗话说："打铁还须自身硬。"在审计工作中，我努力把干好工作和提升自身素质统一起来，在干好本职工作的过程中，提升自身业务能力，以先进工作思想为指导，更好地服务审计对象。

在学校建校60周年这个美好的日子里，我将用更加饱满的状态投身体院的审计事业，以审计精神立身、以创新规范立业、以自我修养立信，做永不褪色的山体人。

我的骄傲

段　亮

让我掉下眼泪的，不止昨日的酒；
让我念念留恋的，还有班会上的愁。
可能你依然难以明白，那种拳拳的爱，
余路还要一起走，要相伴到最后。

北方飘雪的季节，回忆是冰冷的手；
清晨那一缕曙光，轻吻你我额头。
在这座青春的校园里，邂逅了我和你，
日照，来过了，就不忘记。

和我一起到六号楼走一走喔哦，
直到所有的灯都熄灭了依然停留。
伴我踩着月光悠悠，回首岁月已然流走，
人生不经意地回头，笑看昨日挣扎的自由。

2008年来到日照，来到了山体，已然近十年。偶然的机会，进入了学管工作的队伍，也慢慢体会到了山体辅导员工作的辛苦、烦琐、无奈，还有骄傲。

辅导员的工作，是爱，也是一种责任。虽然学生有时候会很不理解，为什么辅导员每天会有那么多的说教呢，其实，我们的目的很简单，就是不让一个人掉队，大家一起走到毕业的那一天。

被第一缕曙光轻吻额头，听着很浪漫，但是，在日照寒冷冬季的清晨，无论是学生，还是辅导员，都会在被窝里不断地纠结。早操时候僵硬的脸蛋和冰冷的手，会留在记忆里很久很久。然而，正是这种朝夕相处的同步性，让学生和辅导员更加地贴近，这座校园，这个城市，来过了，一起度过了，就不会忘记。

六号楼是我班上学生的公寓楼，其他还有七号楼、九号楼、十号楼等等。不管是哪个公寓楼下，每天晚上都会有辅导员在查房，一直到宿舍区全部熄灯了，还要再转一转，不分工作日和休息日，无论风急雨骤还是月朗星稀。就这样一天天一年年，身边的同事有的已经转了十多年，送走的学生也是一届又一届。

当有一天，我们的学生走在自己的人生路上，或功成名就，或诗酒田园，当他不经意间回首这段求学的日子，就会发现，当初在学校苦苦追求却又求之不得的自由，正是母校留给学子的一笔人生财富。"笑看昨日挣扎的自由"，这笑，是理解，是欣慰，更是庆幸！

我和山体有个约会

孙亚儒

2017 年的秋天，我告别了七年之久的校园生活，怀着对未来工作的美好憧憬，来到了山东体育学院日照校区，开始了人生中一个新的征程。

我平生最爱银杏树。学生时代，每当遇到挫折的时候，我就来到银杏树下，默默倚靠在树旁待一会，在某种意义上，银杏树就是我最知心的朋友。第一次走在日照校区校园里的时候，一排排金光灿灿的银杏树就映入了我的眼帘，我感觉它们像是一位等我已久的朋友，向我招手微笑。

日照校区的秋季，是一年之中最有魅力的季节。因为有了银杏树的陪伴，我虽独自一人在日照，却并没有感到陌生。下班的路上，我常像孩子一样欢快地穿梭在马路上，两旁的银杏树在微风摇曳中散发着迷人浪漫的气息，让我感觉到熟悉的朋友一直都在。刚入职，恰逢赶上国家足球学院、国家篮球学院在日照校区举行隆重的开学典礼，紧张而有节奏的工作让我既不知所措又欣喜万分，那几天每天都加班到很晚，但是累并充实的生活让我每天都感到很幸福。

这个秋天，学校顺利完成了迎接教育部的本科审核评估工作。日照校区领导、教职工饱满的工作热情与严谨负责的工作态度让我再次受到震撼，我逐渐看到自己的不足，时刻提醒自己要更加努力地工作，多向领导与同事请教、学习。

日照的春季，不像济南会在某个阳光灿烂的日子突然百花齐放，让你有种眼花缭乱或时光飞逝的感慨。日照的春季，永远都是在慢慢地变化，或许它在积蓄春的力量，等到时机成熟就绽放出别样的光彩。我最爱的银杏树也是这样。你别看它不像梧桐一样高大魁梧，但它生长的每一步都是扎实、稳妥的。它的身上刻满了岁月的痕迹，它从不张扬，开始只露出微微的嫩芽，到长出绿色的小叶，再到慢慢舒展成扇子的模样，一步一步，虽缓慢却不失生命的律动。每天清晨，看到校园田径场上刻苦训练的学生们，我常觉得他们就像极了银杏树，一点一滴，不断地积蓄自己的力量，有朝一日，终成社会栋梁之材。日照校区举办了 2018 届毕业生春季双选会与大型高峰论坛,双选会上,学生们自信满满地向心仪单位推荐自己,我突然有种莫名的感动,一个普通教育工作者对职业责任的感动。自新文化运动以来,我们的大学教育一直在改革与发展,只有为社会培养出优秀的、能够实现自我价值的优秀大学生的大学,才是好的大学,我们的教育才算得上是合格的。

在山体,我度过了金光灿烂的秋天,空旷安宁的冬天,感受着生机勃勃的春天,也即将迎来热火朝天的夏天。等到夏秋之交,山东体育学院就要迎来她的六十岁生日了。弹指六十年,桃李芬芳。她致力于体育文化的传播,她崇尚拼搏进取的体育精神,她为无数体育健儿打造了一片属于梦想的天空,培养了一代又一代的体育精英与体育人才。

六十年历练,一甲子辉煌！我们期待着,待到银杏烂漫时,她在丛中笑！

相遇山体

秦　畅

2016年9月,我有幸成为山东体育学院的一名教师。从踏进校园的第一天起,“坚卓竞远”的校训和“严勤创实”的校风,便深深印在我的头脑中,我感受你特有的体育人的魅力,迎接你给我带来的惊喜与挑战,细细品味你心中的那一份浓浓的师生情。

一年多前,与你在丰收的9月相聚,很幸运;一年多后,能和你共度60岁的生日,很荣幸。六十年饱经风霜,你还是勇往直前的你;六十年春华秋实,你还是辛勤耕耘的你;六十年砥砺前行,你还是满怀信心的你。而今,六十岁的你,历经岁月的洗礼,在这片齐鲁大地,继续书写一份属于体育人的坚持与拼搏。

在这充满希望的校园里,学子们为了他们的体育梦不断拼搏。田径场、足球场、网球场、篮球馆、体能馆、游泳馆,处处有他们的身影。晨起,伴着一缕阳光,田径场传来嘹亮的口号,那是他们在晨跑,在迎接新的一天。日暮,自习室、图书馆,他们在安静地阅读,回忆一天的生活,总结一天的得失。冬练三九,夏练三伏,每一个学子心中铭记“更高、更快、更强”的体育精神,挥洒青春,追逐梦想。

在这里,学校不仅承载学生的体育梦,也承载着家长的寄托、教师的责任。办公楼里,领导们为了学校明天,殚精竭虑;教学楼里,教师们为了学生进步,呕心沥血。日复一日,年复一年,每一个体育人都心甘情愿地付出。就这样,一批又一批的学生走入体院,一届又一届的毕业生走出体院,一个又一个的教师加入体院,让这个大家庭不断地进步与成长。

六十年间山东体育学院作为山东唯一的体育高等学府,秉承“更高、更快、更强”的体育精神,孜孜求索,为国家、社会培养了一批又一批优秀的体育人才。建校六十周年庆典来临之际,我衷心地祝愿学校的明天更美好!

寄语母校

难忘母校

景学勤

在一个初夏,北京天气晴朗,风和日丽。在绿树成荫、花香满园的北京体育大学贵宾室里,我见到了母校山东体育学院的党委副书记潘耀滨一行,心情非常激动。在交谈中,我了解了山东体育学院近十年的发展成就和良好发展态势,听取了母校筹建校史馆的规划,为母校几十年来取得的办学成就感到欣喜和自豪,真想回母校走走看看。我是山东莱芜人,在中国共产党的培养教育下,由一个放牛娃,先后读完了小学、中学,并以优异的成绩考取了山东体育学院,成为山东体育学院第一届学生。毕业后于 1962 年参加中国人民解放军。参军入伍后,不怕吃苦、甘于奉献,经过部队大熔炉的锻造,我从一名战士做起,最后成长为空军副司令员,是中国共产党第十四次全国代表大会代表,第七、九届全国人大代表。光阴荏苒,在半个世纪军旅生涯中,我戎马倥偬,临池不辍,励精图治,孜孜以求,著有《诗涛墨海将军情》《梦绕戎歌》等诗文信集和《墨海游弋》等书法集。部分作品编入《百名将军书画集》《将军书画大展览》《二十一世纪国际书法精作博览》等书画辞书,并被多家博物馆收藏。这些成绩,离不开母校的培养,离不开老师的教导。现在的我已经退休,但是对于母校的培养莫不敢忘,对母校的感情历久弥新。

我在工作之余很喜欢读书赋诗,尤其是从领导岗位上退下来后,更以"立根、立业、立形象,荣军、荣宗、荣家乡"为信念,在诗文、笔墨中继续抒写自己的爱国爱家情怀和对祖国繁荣富强的美好祝愿,创作了许多书法诗文作品。学校建设校史馆时,我捐赠了自己手书的 5 幅书法作品,捐赠了《书道千秋》等 4 部专著。学院回赠了我校徽和老校友萧蕙专门绘画的《事事如意》作品。我非常高兴,感觉自己与母校一直联系在一起,感受到了母校的温暖。我决心要回母校看看,做一点事情。

经过多次沟通和商讨,山东体育学院、中国毛体书法家协会和山东工艺美术学院联合举办了以"铭记历史、开创未来"为题的书法作品展,展出了我创作的

188 幅书法作品。作品内容以珍爱和平、面向未来、共筑梦想为主旨,表达了我对抗战先烈的崇高敬意、无限怀念,希望能够弘扬中华民族优秀传统文化,激发师生热爱祖国、振兴中华、发奋图强、共建美好家园的热情。书法展之后,我为母校题字留念,并赠送了书法作品,聊表对母校的感恩之情。

这次回到家乡、回到母校,我感慨万分,所以决定要做三件事:一是与老师同学们一起参加纪念抗日战争胜利 70 周年活动,二是表达感恩的心情,三是要回报母校和家乡。山东是革命老区,济南是鲁中抗日根据地,无论是抗战还是解放战争都做出了巨大牺牲和贡献。我们组织纪念抗日战争胜利 70 周年活动,就是要大力宣传抗战精神和抗战事迹,深切缅怀革命先烈,通过纪念活动让世人铭记历史,不忘国耻,展望未来,珍爱和平。这对于建设社会主义核心价值观,走中国特色社会主义道路,培养和造就大批忠于党、忠于国家和人民的优秀青年干部和新型人才,实现伟大复兴中国梦具有非常重要的意义。

山东这方热土养育了我,母校的老师培养了我,"水流源在海,月落不离天",人不能忘本,不能忘家乡和母校的恩情。我从莱芜山区的一个放牛娃,成长为一名将军,没有家乡、母校的培养是不可能的。自退休离开领导工作岗位后,我是"无官一身轻、家乡万里行。山水容我静,对天三鞠躬",要谢天、谢地、谢老师。退休后也要有点事做,老有所为、老有所乐,练习书法是充实生活、提高修养、陶冶情操、锻炼身体、以书会友的很好的方法。我最深刻的体会是:功名利禄非所求,戎马生涯数十秋。苍苍两鬓为社稷,夕阳映照老未休。

回到母校后,我和学校的学生们在一起座谈。充满生机和活力的同学们,都是我的校友啊。这天,适逢第 31 个教师节,在这个欢庆的日子里,我不由地向老师们敬礼,表达我对教师的尊重和敬意。我从"以德立业、以真立言、以善合群、以诚交友、以学增智、以公处事、以忍为利、以和为贵、以勤为根、以俭为宝、以容为大、以宽为怀、以孝为先、以爱安民、以人为本、以静养身、以变求生、以才事济"18 个方面详细阐述了自己对世界、对人生的体味和理解,希望同学们能常常接受革命传统教育和时事教育,弘扬正能量,积极进取、艰苦奋斗,刻苦学习,不断进步,努力成长为国家和社会有用之才。

学校从建院到现在,已经是六十个春秋。我已至耄耋之年,但依旧对明天和未来充满美好的向往。我希望我的母校越来越好,希望师生们越来越好,我们共同祝福山东体育学院的明天更加灿烂辉煌!

诗情画意献母校

萧　蕙

母校给了我知识，培养了我坚定的信念和执着的勇气，我怀念她，感恩她。

——题记

2016年10月，山东体育学院和山东将军书画院联合主办了以"弘扬体育精神、传播优秀文化"为主题的纪念红军长征胜利80周年山东实力派书画家作品联展，我带着自己的画作欣喜地回到母校参加画展。得知母校正在筹建齐鲁体育文化遗产博物馆，并且，2018年母校也将迎来她的六十华诞，为了表达对母校培养的感恩之情，我将自己的精品之作捐献给了母校。

回顾过往，我无限感慨，自己是何其幸运，能得到母校的眷顾，能在母校度过人生的芳华。

我算是出身书香门第，父亲是名闻故里的书法名家。母亲则是个大家闺秀，能写会画。但在我出生前夕，战争、灾荒夺去了家中的一切。自记事起，家里生活已经举步维艰，经常是吃了上顿没下顿。虽然家道中落，但我特别喜欢读书，算是一个小学霸。小学考高小时，是以全学区最高分数考入的，也是全村唯一一个考上中学的学生。1959年考大学时，在数千学生的竞争中，我又一次脱颖而出。可是，在那个特殊的年代，上大学不是学习好就够了。摆在我面前的有两个困难：一是家庭生活更加窘迫，根本无力承担我的学费和生活费；二是我出身不好，不具备上大学的政治资格。

出乎意料的是，我竟然被山东体育学院选中，学校不但不收学费，还管吃管穿发运动服，每月还有5元钱的生活补贴。现在每每想起，总会感激万分，母校没有将出身不好的我拒之门外，而是以开放包容的精神接纳了我，圆了我的大学梦。

在山东体育学院学习生活的那段时间是我人生中最幸福、最快乐的一段日子，虽然训练非常辛苦，但却培养了我坚韧不拔的毅力和在困难面前执着前行的品格,而这些精神和品格让我终身受益。

在济南工作一段时间后,按照国家下发精减职工安置的政策要求,我被送回了老家烟台福山,因为读过大学,被村里安排到村办小学当民办教师。让我始料不及的是,学校的学生简直就是一群从山上抓来的野孩子,他们毫无顾忌,想干什么就干什么,根本没把老师放在眼里。当时,我也仅仅是一个 20 岁出头的女孩子,也无助,也无措。但母校教会了我永远不向困难低头的勇气,碰到困难,解决困难,是山东体院学子应有的品格,更高、更快、更强,是山东体院学子应有的精神追求。

虽然这群熊孩子经常搞得我焦头烂额、狼狈不堪,但我还是将全部的精力倾注在孩子们身上,由于过分投入,嗓子长期处于疲累状态,不久,我失语了。但我知道我应该坚持下去。慢慢地,我惊奇地发现,孩子们的嚣张气焰也似乎慢慢消失,露出了天真可爱的一面。在不断地摸爬滚打中,我摸索出了许多教科书中找不到的成功经验。在执教的第五个年头,我成为全县教学成绩最好的教师。我知道我的成绩得益于山东体育学院对我品格的塑造。

后来,因为种种原因,我又回到济南原单位上班。工作之余,我报名参加了绘画学习班,是中国书画函授大学的第一批学员。从此,开始了我的绘画生涯。

绘画点燃了我胸中的热情。只要老师上课,不管远近,我都会风雨无阻地参加学习。那时没书可读,我便如饥似渴地把函授大学的所有教材背得滚瓜烂熟。虽然现实生活没给我太多绘画的条件,但却没阻挡住我对绘画的热情,下班后办公桌便成了我的画案,每天坚持作画到晚上十一二点才回家。多年如一日的坚持,使我终于在绘画上崭露头角,创立了在熟宣纸上"凝骨画梅"的新技法。于希宁教授评价曰:"理乃意之本,笔为意渡津,以文导绘意,斯意可神通。"

经过多年的艺术实践和探索,我的绘画艺术,特别是花鸟画,日臻成熟。作品曾在北京、济南、青岛、威海、台湾等地举办联展多次。

2006 年 5 月,我的个人画展——蕙之风 · 萧蕙花鸟画展在山东省美术馆展出,著名山水大家张彦青教授,著名画家、美术教育家张鹤云教授等大家纷纷到场祝贺,在社会上引起不小的轰动。

张彦青教授说:"萧蕙的画作大、新、奇,即大气、新颖、奇特,突破了传统,为画坛开创了一片新的天地,是目前画坛上的一朵奇葩。"张鹤云教授评价语:萧蕙走的是一条中西合璧的路子,构图饱满,着色鲜艳,造境唯美。她的画没有常见的叙事场景,没有唐突的笔墨构置,有的只是平静的心性描述,多重彩墨组合的繁花似锦中,呈现给人们的是一个阳光灿烂、温暖如春的精神家园,清静祥和的诗意情场，是华美与韵律的交响曲，是人与花地唱合。

画展盛况空前，省美术馆的工作人说道："萧蕙的画展观展的人多、祝贺的花篮多、艺术大家到场的多、画品展况规格高，这是美术馆开馆以来，极少出现的盛况。"

画展成功的背后是几十年如一日的坚持和笔耕不辍，有时候我会把自己锁在屋里几个月不出门。我感谢母校赋予我坚韧不拔的毅力，能够让我在绘画这条路上坚持下来。

2009 年，母校五十年校庆向学子们发出了邀请，我带着自己的作品回到母校参加庆祝活动，机缘巧合认识了美国印第安纳州波利斯大学（University of Indianapolis）副校长兰彩凤博士，兰博士对我的作品产生了浓厚的兴趣，邀请我到美国波利斯大学举办个人画展。波利斯大学的美术馆中，收藏着世界各国的绘画作品，包括中国台湾在内，却没有一副中国大陆画家的作品，他们总觉得中国画就是让人难以理解的黑白线条，令人唏嘘。

兰博士回国后不久，便正式发来邀请函。当年金秋九月，也是美国最美的季节，我远渡重洋，分别在美国波利斯大学和印第安纳州美术馆举办个人画展，成为中国大陆在美国波利斯大学美术馆举办个人画展的第一人。

美国波利斯大学美术馆，室内光线明亮，布置朴素典雅，宽敞的展厅里，前来观画的人或驻足细品、或流连忘返，对画作表现出了由衷的赞赏。"大气、阳刚、色彩绮丽"是观赏者对画作的评价。中国民间派的画，得到了美国学院派的广泛赞赏，被称之为最美的线条画。

画展期间，我以《中国绘画艺术的文化内涵》为题举办了个人讲座，图文并茂地讲解了中国的绘画史，"中国画家用的笔是世界上最软最长的毛笔，用的是墨水——即水，又要在最薄最吸水的纸上作画。"我用长锋笔现场作画，让美国人理解了"中国的写意画家，没有几十年的工夫是不敢出门当场作画的"这句话的深刻含义。现场听众报以长时间的热烈掌声。

《乾坤万里春》是我整整用了十年时间创作的一幅作品，是"凝骨画梅"技法的代表作，十年的创作之路很寂寞，但母校赋予了我耐得住孤独和寂寞的坚韧品质，使我能够不忘初心坚持自己的绘画之路。

美国世界银行官员 Kamram Khan 看到《乾坤万里春》后惊叹道："没想到这是中国画家画的，没想到是中国女画家画的！"当即便以高价收藏了。他将画作挂在他别墅落地窗后的墙上，从他门前经过的人抬头都会看到《乾坤万里春》，经常有人会在他门前驻足欣赏，人们惊叹，"中国的女画家竟然能画出如此大气的画作。"

于希宁教授看到《乾坤万里春》后,盛赞此画“凝冷艳于一身,融笔墨为一妙,聚彩色为一境,是不可多得的高端大气之作”。

书法家陈晏在《蕙风拂兮画坛添绿》文中曰:“萧蕙,这位从体坛走出来的女画家,把运动员特有的大度和坦荡,浸润在她的绘画中,形成了她特有的绘画风格。绘画又在她的举手投足间,流露出体坛才女那种端庄、典雅、平淡、自然的大家风范。她的画有鲜明的个性,把一草一木都赋予了生命。她用先贤的哲理去感悟生命、创造生命、表现艺术。她的画品和人品,一直被人们所称颂,她不仅仅是我们体坛的骄傲,也是我们女性的骄傲。”

我想,母校对我画风的形成有着至远的影响。

我感恩母校,感恩她的“不拒”,感恩她给了我知识,感恩她对我品格的塑造,使我在面对人生坎坷时能从容应对,使我能在绘画路上一往无前,走出别样的艺术人生。

秉承山体精神　做体育行业先行者

李庆华

1988 年,我有幸考入山东体育学院,成为一名山体人,从此也与体育结下了不解之缘。

在山东体育学院学习的那段日子,是我人生中非常重要的一段旅程。师长们在课堂上传道授业解惑,在生活中亲切关怀,在训练场上悉心指导,让我掌握了扎实的专业技能。在校期间,在田径、武术、摔跤等项目中均获得过优异的成绩;后多次参加各类级体操比赛,在第八届大学生运动会上夺取体操五金、一银、一铜的好成绩;1993 年至 1995 年,连续三届获得全国健美锦标赛亚军,全国健美精英赛冠军,并多次代表中国或率领国家队参加过各种国际健美比赛并取得优异成绩。

母校给予我的不仅仅是扎实的专业技能,更重要的是,培养了我坚持不懈的奋斗精神,塑造了我正确的人生价值观,这些宝贵的精神财富让我在发展健身事业中受益匪浅。

如何利用所学知识服务老百姓的健康,为健身事业尽绵薄之力是我在校期间就开始考虑的问题。

1993 年,我创办了全国连锁庆华健身有限公司,是当时中国创建最早、经营规模最大、健身文化最深厚的专业健身俱乐部之一。庆华健身自创办以来就一直以增强人民身体素质、提高生活质量为己任。

庆华健身的目标是把健身理念普及给更多的人民大众,让老百姓不仅仅获得健康,还有健康带来的好心情、更愉悦的精神面貌和更健全的心理素质,以及基于这些之上的其他各种更深层次的成就。

秉承“专业教练技术、优质健身服务”的经营理念,经过 25 年的发展,公司现在拥有一支行业内首屈一指的精英管理团队和一流的健身教练团队。其中,国际认证专业教练 36 人,国家级健身指导员 52 人,国家一级、二级健身指导员 280 余人,历年来参加国家级和省、市级健身健美大赛荣获奖项的明星教练 90 余人。在北京、上海、青岛、常熟、德州等地开设了品牌连锁店，目前分店数量20余家，营业面积超过20万平方米，拥有来自不同行业的固定会员20余万人，流动会员50余万名。目前，庆华健身是中国国家健美健身队训练基地、中国国家散打队训练基地，是众多著名高等院校的大学生社会实践基地，连续多年被评选为“全民健身先进单位”“中国十佳全明星健身俱乐部”，荣获公众评选“诚信经营企业”“改革开放30年最具影响力品牌企业”等诸多荣誉称号。

庆华健身正以专业的技术、先进的理念承担着社会赋予的责任，引领体育产业发展，满足社会发展需求。庆华健身连续5年承办山东省健美健身锦标赛，2018年举办全国健美健身冠军大奖赛，并且致力于把这项赛事打造成中国健美健身行业的经典赛事。同时，庆华健身体育文化产业正在如火如荼地进行，旗下设有商务养生健身会馆、全民健身中心、庆华国际教育学院、庆华运动养生研究中心、庆华桌球会等项目，现已启动体育公园及健身步道的筹划工作。

2014年10月，国家第一次从产业角度确认体育产业发展规划。2015年3月的政府工作报告中专门提到发展全民健身、竞技体育和体育产业。目前，体育产业“十三五”规划也正在紧锣密鼓的编制之中，后期还有23份配套文件正在制订。体育产业才刚刚开始就驶向了快车道。庆华健身积极响应国家政策，大力发展体育产业，服务“全民健身”“健康中国”的国家战略。2018年，庆华健身在国家体育总局、山东省政府、临沂市政府、省区市体育局的支持和指导帮助下，将健身产业继续向周边城市扩展，加快推进庆华国际教育学院的人才培养与输出计划，引导健身产业文明发展。

庆华健身不仅是帮助人们维护健康、提升状态，更要通过异业同业的跨界融合，实现创造式、跨界式、整合式发展，大力弘扬传播体育文化，满足体育事业发展需求。

这是山体人对社会的责任，也是山体人对社会的贡献。

六十年笑看桃李满园

惠 萍

学校的艺术馆内乐曲悠扬、舞姿翩跹,体育艺术学院的学生们正在上舞蹈课。阳光从玻璃窗照射进来,明镜里映照出学生优美的舞姿。看着一张张年轻充满青春活力的脸庞,我经常想起自己的大学生活。

我是山东体育学院复院后的第一届学生,现在是体育艺术学院的院长。我亲眼见证了学校建设发展的风雨历程,深深为学校取得的成绩感到骄傲。

记得学校刚刚复院时,由于在原校址已成立山东省体育工作大队,所以当时学校是“房无一间、地无一垄”。我们入校时,学校的办学条件非常简陋,借用山东省业余滑翔学校北楼的三、四层做办公室,由于条件所限,办公室、学生宿舍都很拥挤。教务、图书阅览、教学资料、打字油印、教学器材供应等多个机构都挤在一间办公室里。学生上课没有现在这样专门的训练馆、训练场,经常就在院子里的空地上训练,跑步就会到外面的马路上。后来有了一个训练馆,但是条件比较差,地面都是不平坦的。学生住宿也比较挤,10 多人住在一个房间,其中人数最多的一个房间内住了近 20 人。同学们学习、训练和生活都在一起,无形中拉近了相互之间的距离,增进了交流。所以,同学们之间的感情很深。

能够考进山东体育学院,能够上大学,是一件非常荣耀的事情,我们都非常珍惜这个学习机会。因此学习生活的条件虽然艰苦,但是我们学习、训练的热情很高。1979 年秋季开学后,学校开始选拔运动成绩好、身体素质优的学生组成院运动队,利用专修课时间集中训练,并选派优秀的专项教师担任院队的教练员。当时训练坚持“从难、从严、从实战出发、大运动量”的原则,训练强度很大,学生从早上天不亮就开始训练,晚上也经常加练。在老师和学生的共同努力下,运动训练水平得到了迅速提高。山东体育学院的训练和竞技比赛成绩在全国体育院校中是有目共睹的。作为学生,我们都以此为傲。

为了全面提高学生的学业成绩,提高社会技能,学校强调学生与学生之间、老师与学生之间的互动、交流与合作。在教学中实行“兵教兵”,也就是让学生上讲台讲授部分内容,老师最后做总结;在学习理论的基础上,深入比赛场、训练场和中学,进行现场教学;组织学生走出校门,走向社会,到附近的中小学辅导课外体育活动,在实践中培养学生理论联系实际和独立工作的能力,增长才干。学校的学习和活动比较丰富,学生学习积极性很高。通过实践活动,学生增强了认识社会、适应社会的能力,并进一步增强了自信心和学习的主动性。

大学生活是充实而有意义的。除了学习、训练,学校还经常组织各种劳动。老师和学生以校为家,因陋就简,经常自发组织义务劳动,搞卫生、运垃圾、搬水泥,样样都干。在劳动中,学生们一边干活,一边交流,劳动现场经常是欢声笑语。大家不怕苦、不怕累,从不抱怨,更从劳动中感受到集体的力量。这种艰苦奋斗、无私奉献、团结协作、乐观进取的精神代代相传,成为山东体院人的宝贵精神财富。

学校是大家,宿舍是小家。老师、班主任非常关心学生的学习和生活。天天和学生住在一起。早上出早操,平时上课、训练,晚上自习,老师和学生成了无话不谈的朋友。作为学生,我能够深刻地感受到学校对学生的关爱,老师对学生的照顾。现在我每天与学生接触,对学生的学习、思想状态都比较了解,和学生之间的关系也非常融洽。学生训练比赛取得成绩了,有高兴的事了,都会跟我说;心情低落了,想家了,也会跟我说。从学生到老师的角色转变了,但老师与学生之间的深厚情谊没有变。学生管理既要严格规章制度,严格要求,又要真正以学生为中心,为学生的成长成才给予方向上的指导和生活上、情感上的关爱。我现在能积极投入地做学生工作,得益于在学校求学时老师的言传身教。我至今记得老师的音容笑貌,常常想起上学期间和老师们一起谈心、一起劳动的事情。我想,我的学生能够在毕业后走出校门,依旧记得学校的美好时光,记得学校老师们的谆谆教诲,学有所成,学有所为,这应该是我非常高兴非常欣慰的了。桃李满园,无愧于心,这就是一名教师最美好的愿景。

历经60年风雨,走过60个春秋,今天的山东体育学院,在奋进的路上继续前行。作为曾经山体的学生,作为现在山体的教工,我感慨万千。一代代山体人的辛勤耕耘和奋斗进取,换来了学校今天的累累硕果,也必将推动学校的快速发展,开创学校更加美好的未来。

衷心祝福我的学校,明天越来越好!

师恩难忘

宋祺鹏

第一次见到毛德伟教授，是在2006年的夏天。那时候，他刚从香港中文大学拿到博士学位，回到体育学院教书，而我，就是他带的第一个硕士生。那次见面是在文化东路的校区，见面之后毛老师送给我一个拉杆箱，挺沉的，得有二三十斤。打开一看，是打印好的文献，已经按照内容归好类，全都是用英文写的。毛老师说："师傅领进门，修行靠个人。这些文献全都看完之后，你就能入门了。"

那些文献折磨了我大约一年。作为一名体育特长生，在体育学院上学却需要阅读几百篇英文的生物力学文献，想想就是一件不可思议的事情。第一篇文献我读了整整一个月，里面密密麻麻地标注了看不懂的单词。毛老师说："你不用碰到每个不认识的词都查字典，如果不是关键词语，就放过去，多碰到几回你就明白它的意思了。"不可思议的是，一年之后我就真的能理解绝大部分的文献内容了，理解英文甚至像理解母语一样精准。

折磨我的除了文献，还有统计学，科研中最难理解的就是统计方法部分。独立样本t检验、重复性方差分析、事后检验、交互反应，这些现在如数家珍的概念，在当时看来就像天书一般。毛老师说："做科研，最重要的就是研究方法，而研究方法里面，最关键的就是统计方法。它不仅是分析数据的手段，更是联结论文各章节的纽带。只有深刻理解了统计方法，才能清晰把握研究的脉络。一篇论文投稿出去，如果被评价内容有误，还可以修改补救，但如果统计方法错误，就只能被拒稿了。"

为了让我学会统计学，毛老师把我送到他的母校——香港中文大学去上统计课。对于这一安排我是窃喜的，以为有了一个正当的理由出去玩，地点还是繁华的香港。到了中文大学，发现现实与想象差异巨大。那里的人每天上午九点上班，一直工作到凌晨零点后。我们四五个人需要穿过村庄回到宿舍，路上还会见到蛇和豪猪。中文大学的日子枯燥且辛苦,就连午饭时间,讨论的都是文章和科研。我感觉那里的人平时没有娱乐,没有家人,甚至没有生活,整日只与实验和数据为伴。毛老师说:“科研的压力其实异常沉重。”

我所参与的第一个科研项目,是关于小学生背书包的。那时候在我的认知中,觉得做科研应该是件高大上的事情,研究的内容也应该是高端议题,而我的研究内容是书包重量对儿童步态的影响,一个过于通俗的题目。看出我对选题的不满,毛老师说:“科研的根本任务是通过合理的研究方法,得出有意义的结论。对生物力学学科来说,只要研究结果对于大众有借鉴意义,就是好的议题。”实验完成后,我发表了自己撰写的第一篇 SCI 收录论文,杂志的审稿人给出的第一条评价,就是“这篇文章指出了过重的书包对儿童身体的伤害,具有现实意义”。

我的硕士论文是测量儿童的脚型,为儿童鞋制作提供数据参考。那时候我国大多数儿童鞋是通过缩小成年人鞋楦设计的,而实际上儿童和成年人在脚型上并不是成比例缩小的,这就需要我们对儿童的三维脚型参数进行大规模的测量调查。我在硕士期间总共测量了 5000 名中小学生的脚型,并且要对数据进行耗时耗力的分析。看到很多同学并不费力就可以顺利毕业,而我要在保证每天工作 8 小时的条件下,两年才可以完成论文,心中其实是不平衡的。毛老师说:“人生没有白吃的苦,自己的付出总会在将来某一天得到回报。”

参加工作几年之后,毛老师告诉我说,他开始带博士了,我欣然报考。复习了三个月后,我顺利通过了考试,成为一名博士生。当时心里五味杂陈,因为我从来不是一名学习优等生,高中时为了有学上,跑去练短跑。本想着能有本科念就已经很幸运,谁想跟随毛老师一直念到了博士。接到通知书的时候,我到操场上跑了很多圈,想通过这种方式向毛老师致敬。毛老师说:“博士跟硕士大不一样,在自己的小领域,不会再有人从前面带路,你需要自己去寻找有价值的研究方向,并努力在这个方向上有所突破,扩展人类知识的边界。”

付出真的会有回报。由于毛老师独特的教育方式,我从接触科研的最开始,读的就是世界各国生物力学大家撰写的科研文献,构建的是严谨科学的实验方案,掌握的是合理精妙的统计方法,书写的是凝练地道的英文科研成果。我熟知 SCI 论文的写作技巧,对本专业的国际动态一清二楚,对小领域的国际期刊了然于心。博士生活仿佛是为我量身打造,我完全不用像我的同学那样痛苦煎熬。一般来说,SCI 论文就是博士生的噩梦,因为其需要跳出国内的圈子,将研究放到国际舞台上去评审和发表。我的同学们需要恶补的种种知识,其实就是毛老师在硕士期间对我的谆谆教导。

我读博期间发表了 8 篇 SCI 论文，成了学校第一个提前一年毕业的博士生。毕业后，又顺利评上副高，并开始自己带硕士。这时，距离毛老师把我带上科研之路，已经过去了 12 年，这是一个完整的地支轮回。我在想，当我的学生来见我时，我是不是也应该准备一个拉杆箱，盛满文献给他。我要学着毛老师的方式，用最客观的数据对待科研，用最诚挚的付出对待学生。毛老师对我的恩情，我无以回报，唯有将他教我的知识、方法和思维，一代代书写和传承下去。

蕙心纨质　人淡如菊

李　晔

十六年前,我有幸成了山东体育学院教师队伍中的一员。转眼间,我们迎来了山东体育学院六十周年华诞。六十甲子,陵谷沧桑,学校植根齐鲁沃土,秉承体育精神,日益发展壮大,而我作为一份子,也在她的庇护和支持下,努力完善自我,快速成长。回望这段人生旅程,我的导师章岚教授给予了我深刻的教诲和巨大的帮助。

2003年国务院学位委员会授权我校为硕士培养单位,得知消息后,迫切想提高专业水准的我立刻报考了我校第一届硕士研究生。入学后,我有幸投到章岚教授门下,成了她的第一届硕士研究生。科研学术方面的学习,涉及到方方面面,从科研方向主题的确定到实验方法的选择,从研究经费的筹措到研究过程的实施,从科研数据的处理解读到科研论文的撰写发表,章老师作为我的领路人,给予了我具体而详尽的指导。

在脱产深造学习的过程中,章老师自始至终以严谨客观的科研态度要求我们。记得实验后,她都要求我们提交原始科研记录,当时因为自己的粗心,有一次没有及时保留一小部分数据的原底。她得知后,语气温和但态度坚决地告诉我,所有的实验原始数据原底都应该严格存档。虽然这仅仅是发生在科研学习过程上的一件小事,但却是非常重要的一个科研习惯,这个小小习惯的背后,反应的是科研工作人员对待科研工作的态度是否足够认真,是否足够真诚,是否足够严谨。后来国内外学术界偶尔爆出一些科研造假的丑闻,我深深地感到,即便科研成果发表的刊物级别再高,即便科研的方法如何高级,如果连最根本的学术真诚、严谨的学术态度都没有,一切又有什么意义呢?为此我深深地庆幸自己遇到了心地高洁、蕙质兰心的人生导师,她用严格的言传身教为我打下了坚实、规范的科研基础。

章岚老师，对科研执着，对俗世名利却又看得很淡，心境平和，朴实内敛。即便是在担任学校处级行政干部职位时，她也是实事求是、认真全面地完成本职工作，尽心尽力地为建设发展山东体育学院而努力。

在我顺利完成深造学习、回到教学岗位之后，我有幸又跟随章老师在学校科研处工作了一段时间。在这段短暂的工作中，我延续了跟她的师生缘分，收获也是颇多。一所大学的健康运转离不开众多行政职能部门的积极服务和科学管理，从事行政管理工作有着和科研工作迥异的方式和分寸，所谓“世事洞明皆学问，人情练达即文章”。章老师要求我务实、认真地处理办公事务，热情、周到地进行公务接待，严谨、简明地完成公文撰写，及时、清晰地存档各项资料，积极、主动地联络其他处室以完成需要配合的工作。她自己也是按照这样的要求以身作则，言传身教，并再次深深地影响了我。而她对很多荣誉、奖励却淡然处之，真正是“落花无言，人淡如菊”。

师者，传道授业解惑也。章岚教授的学术科研格局、行政工作风格深深地影响了我，塑造了我。我非常感激她对我全面、严格的培养，也极其庆幸能够跟她在人生的道路上同行一路，这种亦师亦友的关系让我获益良多！

离校北上交流学习已有半年，在陌生的环境中才发觉自己对单位的感情已在不知不觉中烙印在心里，我爱我的学校，我希望她能继往开来，再展宏图！得知章岚老师已调任研究生教育学院院长了，我为学校拥有章岚教授这样的中坚力量而高兴，也希望自己能够跟他们一起砥砺前行，共创辉煌！

“体”的因和“育”的果

于晓明

毕业已很多年,却从未断了跟体育的亲密关系,每年也都会在各种不同形式的大大小小的聚会上见到老师和同学。虽然,有一些东西已经发生了变化,如身份、身材、容颜。但是,也有一些东西不曾改变,如大多数人依然在踏踏实实地做着一份工作,他们多在教书育人。

回头去看,突然发现,体育和体育学院给自己的,不仅仅是那四年的大学时光、同学情以及师生情,还给我种下了“喜欢面对挑战”“不轻易放弃”“团队精神”“强大的意志力”等诸多优秀的种子,正是因为这些优秀的种子,才打造了职场中与众不同的我,和我们体育生出身的职场人!

过去与汗水相伴的体育生涯就是我们今天的“因”,而今天因为体育和体育精神所得的收获,则是它的“果”! 体育、体育学院、体育精神给予我们人生最大的资源和财富。许多成就突出的公司掌门人都有一定的体育特长,有的甚至是专业运动员出身。他们认为,专业的体育训练经历,不仅仅给了他们强健的体魄,还给了他们获胜的信心,更重要地是教会了他们“团队精神”,让他们明白如何发挥团队的力量及每个人的积极性。而这,恰恰是做好一个领导者的必要素养。

96 级体育系本科 2 班的多数同学都从事了他们喜爱的教育工作,继续传播着体育和体育精神的“因”,相信这个“因”会在未来收获更多的“果”,并且必将一代代传承下去。每年的农历正月十四,是 96 级体育系驻济南同学雷打不动的聚会日。每次聚会,大家都重新套上体育生的身份,在自由奔放、积极洒脱的情绪流动中,仿佛又回到了文化西路那片火热的田径场、训练馆、风雨球场……

这么多年,回头再看,依旧认为幸好做了体育生!

梦开始的地方

刘 文

时维戊戌仲秋,欣逢母校六十华诞,催笋成竹,润花著果。愚虽不才,负笈游学,寒窗四载,亦有所得。寄情遐思,沐手谨祝,文不能悉意,愿母校更展宏图,再谱华章!

夜阑,在月光里抱影无眠之际,不禁回想起山体往事。半醒半梦间,当年的景物和人事互相交融。

一

十年前,怀着对大学生活的憧憬,我来到日照校区报到。记得那天校园里枫叶正红,花香扑鼻,小花园里的月季花让校园变得多姿多彩。漫步其中,伴随着初秋的海风,甚是惬意。初入校园,给我印象最深的不是一座座体育场馆,而是位于教学楼东侧那座并不起眼的图书馆。正式开学后,我很快便办理了借书证,开始在浩瀚的书海里遨游,我的梦想也始于此。

大学生活虽然丰富多彩,可我却每天穿梭在图书馆与宿舍之间,乐此不疲。与济南校区图书馆书盈四壁不同,日照校区的图书馆面积不大,主要以专业书为主。起初,我并没有明确的读书目标,除了看一些与专业知识有关的拓展书籍,其他多以散文、地理知识等有趣的书籍为主。随着年龄增长,我渐渐迷上了历史和人物传记,从历史人物到当代名人几乎都有涉猎。唐太宗说过,“以史为镜,可以知兴替”。人可以从历史文化中汲取智慧,而我在读史书的过程中也悟出一些人生哲理,这让我受用至今。

二

我开始尝试写作,写读后感、写随笔……

刚开始写文章时,文字逻辑混乱的情况时有发生。但我并没有放弃写作,从周记到日记,从抒发情感到憧憬未来,我的文字水平也在不断写作中得到锻炼,这也让我有了到更高平台锻炼自己的想法。恰逢学院记者团招募,我毛遂自荐,成为记者团的一员,报道校园中的人和事。一年后,我开始担任记者团团长,代表记者团在院学生会演讲。在此期间,我仍笔耕不辍,我的多篇散文在《济南日报》副刊、《济南政协》杂志、《山东体院报》发表。

多年以后,蓦然回首,重温那段在写作中追寻梦想的岁月,才发现字里行间的一点一滴,凝聚的不只是那些长长短短的白纸黑字,而是青春岁月的一份证明、成长路上相知相伴的依恋和对生活的一份热情。

三

日照校区的三年时光如白驹过隙,大学最后一年回到济南总校,在即将离开日照之时,我对写作的坚持也终于收到回报。由于我多次向《济南日报》副刊投稿,我的文章得到了报社认可,领导也批准我到文体新闻部实习,也就是我现在的工作单位。后来听同事说,报社很少收到大学生的投稿,更何况是来自体育院校的大学生,这对我来说既是鼓励也是鞭策。

当时纸媒的生存压力还不像现在这么大,没有新媒体竞争,我的实习工作也相对单纯,每天进行体育新闻的报道。实习期间,我参与了奥运会预选赛、亚冠联赛、中超联赛、CBA 联赛等国内外大型赛事的报道,我的写作能力也在实践中大幅提高。由于大四课业相对轻松,我的大部分时间都在报社度过,记得我在报社实习的最后一篇新闻报道,就是在济南校区图书馆完成的。那天山东男篮在山东体育训练中心篮球馆进行公开训练,采访结束后我回到图书馆完成了稿件的写作,也为我的实习生活画上一个句号。此后,我正式进入报社工作,开始了自己的记者生涯。

月季花开别样红。又逢校庆,学校培养的一朵朵月季花,如今已深深扎根在祖国各地、乃至世界各个角落。我,作为其中一朵,如今正奋斗在新闻一线。那一片片花瓣会承载着山体人的精神,怀揣着梦想,在这片土地上娇艳盛开。

青春·感恩·成长

綦焱朱

窗外雨潺潺，春意盎然；恍恍思山体，飞花来入梦。又是一年春雨至，坐在窗边的我不禁回首起四年的大学生活。

感恩的心，感谢有你。怀揣着激情与梦想来到山体，映入眼帘的不仅是学校美丽的花花草草，更有微笑着为我们服务的学长学姐们。他们接过我手中的行李扛上三楼，汗流浃背也依旧热情地介绍哪里是商店、哪里是食堂、哪里是教学楼。第二年我也成了学弟学妹们入校的引路人。

热情开朗、乐于助人是学校的优良传统。在准备考研的那段日子里，怕打扰到我学习，舍友都拉上自己的床帘，放轻声音。漫长考研路，我也曾冒出放弃的念头，是舍友一直在身边陪伴默默支持，带零食、带水果、讲笑话、讲述考研成功案例，不断给我信心。每当我因为学习压力大烦躁时，舍友从没急过脸红过，总是耐心劝导。在山体，我学到了很多，收获了很多。

我在山体武术系度过了愉快又充实的四年。良好生活习惯的养成与专业素质的提高都得益于老师的悉心传授和严格要求。辅导员坚持与学生一起出早操，陪伴学生走过春夏秋冬的每一个清晨。四年时光飞逝，早起已经成为习惯，背单词、练功法、学习民族传统武术项目都是利用早操的点滴时间完成的。太极拳是中华体育文化的瑰宝，老师从最基础的站桩带我们练起。站桩磨炼了我的意志，最初只能站 3 分钟，最后能站半小时，这飞跃式的进步令我自己充满成就感。在课下，老师每天晚上义务带领我们习练太极拳，对动作进行纠正与指导，通过课上与课下的不断练习，我逐步掌握了 24 式、42 式和 56 式太极拳的基本要领。在专业技能上，崔志强老师的螳螂拳、王美娟老师的通背拳、鹿道叶老师的柔力球和空竹等都让我受益匪浅。

荣誉属于过去，梦想属于未来，拼搏属于现在。怀着这颗感恩的心，我在人生路上不断前进。不论走到哪里，无论什么时候，我都会用实际行动弘扬和践行“严勤创实”的校风和“坚卓竞远”的校训，传承山体精神！

我是体院人

夏松强

93年高考,我误打误撞成为山东体育学院九三级首届体育卫生专业的一名新生。

最早接触的医学课程是《解剖学》。我的《解剖学》任教教师是冯树兰老师。虽然已经过去二十多年了,但其授课时的情景,依然清楚地浮现在我的脑海中。每每上她的课,我都有一种如沐春风的感觉。我一门心思扎入知识的海洋,如饥似渴地汲取营养。后来逐渐接触了生理学老师徐秀英、基础医学老师郑陆以及运动医学老师郭勇力等等,他们给我传授了广博的医学理论知识。时至今日,他们的博学才识仍让我受益匪浅。

后来终于开始接触期盼已久的实操课,我有幸遇到了王洪勋老师,他学识极其渊博。记得一次授课时,他利用传统文化中的阴阳五行、天干地支等知识,将当年全球出现的极端气候变化原因推理得严丝合缝,全班同学都被震撼了。授课时,王老师总是毫无保留地将他的推拿技术和最前沿的理论研究传授给我们。他推拿手法精湛,漂亮大气的滚法是我永远推崇的。

一次课上,《体育游戏》的编撰者路春雷老师给我们讲述了他和韩之波院长光荣地走进人民大会堂,接受国家领导人给高等院校优秀教材编写者颁奖的荣光。这件事深深影响了我,从那时候起,我有了要编写一本有影响力的书的念头。

就业后,我读了《肌肉起止点疗法——反阿是穴》一书。这本令医学泰斗陈莘农欣然作序的书,其核心取穴思想,竟然是王洪勋老师早就讲授且付于临床的“三针疗法”取穴理念。这本甚至是影响了现代针刺疗法的书籍,所涉猎的取穴方法和思维对我来说,根本不是什么前沿理论。王老师传授给我们的理论比他的更早、更新颖!

受王老师的“三针疗法”取穴思路的影响,结合软组织的解剖、生理及病理学特点,我从肌肉的起止点、血液循环及周围神经三方面对伤科病症的取穴进行了归纳总结，本着遵古而不循古的思维，开创了临床取穴的新思路。

在王老师“手法教学中应善于从力学方面分析手法特点”的观点影响下，我改进并创新了诸多独特的整复类手法。创新的定位整复手法，使脊柱的每一关节的定位整复都成为可能，且手法精巧、幅度小、安全、实效，大大丰富了现行的“脊柱疗法”。在王老师“站立位自身重力牵引及定位牵引”的思路启发下，我创新出腰椎立位定位牵引手法，还设计制造出“腰椎三维定位牵引床”。

我独创了“六步诊疗法”，将刮痧、针刺、放血、拔罐等组合运用，简化了临床的检查和治疗，省时、省力、疗效佳，深受学生以及患者的欢迎。另外，在传统疗法的基础上，我还创新提出了“三动疗法”的新理念，即“动推”“动罐”“动针”，将三者独自或综合运用到医学临床中，丰富了治疗手段，使诊疗效果更好。

二十余年，我不断研究医学理论，不断临床实践，已经初步整理出三本临床用书，其中《运动推拿疗法》已经出版发行，其余两本还要陆续出版。《运动推拿疗法》不同于传统的推拿典籍，它是一本以现代医学理论为指导的现代推拿疗法方面的专著。书中介绍的许多精妙的运动关节类手法均是我在王老师治疗理念的影响下所独创，并经过多年临床验证，行之有效，此乃本书的一大特色。本书开创了国内在推拿方面全部运用现代医学理论的先河，填补了此项空白。前些日子喜闻本书已经再版，希望来自山体的智慧可以福泽广大医患朋友。

去年，我班同学重返山体，参观了校史馆。展柜前，我站立良久，认真查看了我校历来的医学出版物，心中暗下决心，一定要在此类书籍旁留下首届体卫专业存在的痕迹，不让校史在此留下遗憾。

山体培养了我坚毅的性格，赋予我不轻易言败的意志品质，给予我干则必成的信念。多年来，我始终以山体人的身份严格要求自己，视推拿行业如己之生命，始终以捍卫正确的推拿文化为己任，让山体精神在推拿领域得以弘扬。

文清吾师

——写给我的辅导员谭文清老师的一封信

宋春梅

尊敬的谭文清老师：

您好！

当我写下这句问候的时候，亲爱的谭老师，您的一颦一笑就清晰地浮现在我的脑海里，温暖、可亲。我真的很想您！

26年前的9月，刚刚毕业留校任教的您成为92级体育系的辅导员，阳光、真诚的笑容是您的写照。

亲爱的谭老师，在我大学时代，我深深的记住了您的三句话，在这封信里，我一一说出来，也向您汇报我的生活和工作。

第一句话：新的开始。

"我是新的开始，你们也是新的开始，我和你们一样，都是新的开始。你们朝气蓬勃，好像早晨八九点钟的太阳，你们的未来更美好，希望你们充实地度过美好的大学时代。"亲爱的谭老师，这是开学时作为辅导员的您说的一段话。

心中若有信念在，岁月从不败芳华。亲爱的谭老师，这是您对我们的肯定、鼓励和支持啊，更是一种思想上的正向引领。"新的开始"犹如一颗发芽的种子，让我们在大学时代认真书写了属于我们的青春年华篇章。

一位哲学家说过，习惯是人生最大的指导。青年时代是思维最活跃的阶段，在创新上大有可为，最容易从接受学习转变到发现学习、成为会学习的人。我喜欢在图书馆读书，练习写作，带有我名字的文章和通讯稿经常出现在《山东体院报》和每天早操的广播中。我积极参加学院的各种团体活动，这锻炼了我的组织、表达和沟通能力……新的开始，让我从学业上丰富了自己，也让我的视野变得宽而远；新的开始，让我成为一个在行走人生路上时刻有准备的人。

第二句话：我因为你们而自豪和骄傲。

因为您的心中常怀缕缕阳光，才能不假思索就放出耀眼光芒、做出有担当的言行举止。亲爱的谭老师，犹记得每天清晨您陪我们一起出早操，甚至比我们起的更早；晚上，自习课您需要跟班，五个班级，接近三百多名学生，布置任务、谈心、查勤……您回到家往往是晚上十点多，甚至十一点。特别是您怀孕后期的时候，您的先生因为心疼您，想让您多休息。但是您牵挂的是您的学生，仍挺着那么重的身子履行着您作为辅导员的职责。您有多少爱啊，才让您心甘情愿地一心为您的学生！

尊敬的谭老师，您是我心中的事业标杆，您的话也时时刻刻鞭策我在工作中的责任心和进取心。虽然我没有成为一名体育老师或者体育工作者，但是我成为一名光荣而神圣的监狱人民警察，一名遵规守纪的国家公务员。我还是坚持不断学习，先后在清华大学、北京大学、浙江大学、南京大学进修，汲取更多的业务知识以更好地胜任我的工作。我一步步走上了各种讲台，讲授法律知识，因为我是法学学士；每年参加司法部监狱系统心理矫治专家培训班的技能学习、授课和心理教育，因为我是监狱系统心理专家；我还数次代表山东监狱管理局参加省直机关运动会，取得优异成绩，被授予一次二等功和一次三等功，因为我是山体毕业的体育学生。亲爱的谭老师，我就是您 92 级学生中的普通一员，我会继续努力经营好自己的工作和生活，因为我记得您的那句话，我为是您的学生而自豪。

第三句话：你们都好，就是我最大的心愿。

“重要的不是你从哪里来，而是你到哪里去，找准方向，继续努力。你们都好，就是我最大的心愿。”亲爱的谭老师，这是我们毕业时您送我们的一句话。

职业精神让担当有了更加清晰的坐标。亲爱的谭老师，您铿锵有力的话至今让我记忆犹新，这是多么有底气的祝福啊！您学生的模样，取决于您凝视他们的目光。1992 级的学生，是您的首批学生。现在，92 级近三百多名学生，有的从政（体育局长），有的经商（董事长），有的是校长，有的移居国外发展，更多的是在体育教育战线上兢兢业业的传承体育精神和山体精神，成为了坚实的体育教育中坚力量。

2018 年是山东体育学院 60 华诞，祝愿我的母校生日快乐！祝愿山东体育学院的所有老师和校友们生活幸福，事业顺利！祝愿我亲爱的谭老师，永远笑颜如花！

此致

敬礼！

您的学生：宋春梅

二〇一八年七月二十六日

忆母校

李　霞

忆母校，
心生旖旎，
回忆悠长。

难忘，
刀光剑影的侠义豪情，
行云流水的刚柔相济，
棍扫扇舞的酣畅淋漓，
还有十五年前的绿茵场。

忆母校，
恩师笑脸，
大爱绵长。

难忘，
您教给我们怎样向上，
给了我们站稳的力量，
笑靥如花指点人生方向，
身体力行是我们的榜样。

忆母校，
倍感珍惜，
情深意长。

难忘，
来之不易的学习机遇，
枪挑一条线的冲天豪气，
在武学精神指引下，
展现国粹魅力放飞理想。

忆母校，
似水流年，
旖旎风光。

难忘，
在老师的培育中进步，
在母校的关爱中成长，
汗洒训练场成就体育梦想。

忆母校，
不负芳华，
华歌唱响。

难忘，
山体文化源远流长，
山体学子自信自强，
山体精神传承弘扬，
山体风采声名远扬。

忆母校，
气势恢宏，
奏响乐章。

难忘，
无问西东执着体育人才培养，

开阔视野体育事业做大做强，
体育精神散发出耀眼的光芒，
不忘初心继续开拓在前进路上。

忆母校，
魂牵梦绕，
永难相忘。

盼回校　再聚首

于会勇

光阴荏苒，岁月如流，蓦然回首，我们毕业已经56周年了。从山东体育学院网站上看到《山东体育学院60周年校庆公告》后，我感到十分激动和高兴。

59年前，我满怀对知识的渴望和对未来的憧憬，来到山东体院学院五专学习。在这里，我和同学们一起度过了人生最美好、最值得回味的大学时光。

岁月的沧桑，我们不再青春年少，但师生情、同窗谊历久弥新。难忘那田径场上的奋力助跑、腾空飞跃；难忘那体操房里的鱼跃前滚翻，双杠上的挂臂撑屈伸上；难忘那课外活动的篮球场，师生们一起打个半篮或全场，这一切的一切，仿佛就发生在昨天。还有那师生一起进行的校内外宣传、向雷锋同志学习活动、深秋初冬自带午饭到大学山挖鱼鳞坑植树造林、三秋三夏支农……往事历历在目，感慨颇深，思绪一下子又回到了那个年代，瞬间感觉自己年轻了许多。得知校友会征集毕业照片，我将自己保存的2张毕业照片和10多年同学聚会照片寄给了母校。

在母校60周年喜庆的日子里，我和我的同学们相约，回到母校，回到梦开始的地方，为母校送去我们的祝福，祝愿母校再铸辉煌！同时，我们希望因校庆感召的向心力、凝聚力、创造力，成为母校持之以恒追求卓越的永远动力，希望所有的山体人合力为母校建设锦上添花，我坚信山东体育学院的明天会更加美好！

怀念母校

武艳超

六十年斗转星移,六十年传承美丽,六十年恢弘正气。

时光荏苒,一别母校十余载,耳边还不时会回响起日照的海浪声,眼前仿佛可以看到日照美丽的沙滩,当然记忆最深的还是我那美丽的校园、亲爱的同学、可敬的师长。母校,您是我们心中的一座灯塔,您是同学间友谊的桥梁,您是年轻学子们展示才华的舞台。

大学是人生中最美好的时光。在体院有男老师的刚健,有女老师的温婉。母校有齐全的教育设施,有知识浩瀚的图书馆,有豪华的田径场,有美丽的教学楼,更有如父母兄弟般的师长。母校给予了我们追求的方向——更高、更快、更强。

母校给了我健康的体魄和奋力拼搏永不言败的体育精神,让我能够搏击长空,奉献祖国的蓝天事业。

母校是温暖的,就像母亲一样对我们呵护备至。每次生病到了医务室总能得到家人般的照顾,终生怀念。每当跟朋友讲起总能换来羡慕的目光。

感谢母校的辛勤教诲和辛苦培养。母校永远是我们学子魂牵梦绕的地方。

在母校六十年校庆之际,祝愿母校的未来更加辉煌!

感恩母校

黄立超

一别母校十余载,往昔时常挂心怀。时光如梭,芳华已逝,与母校和往昔渐行渐远,但无论身在何处,依旧能感觉到那份牵绊。

2004 年,带着对大学的憧憬和大城市的向往,我有幸考入体院基础理论系社会体育专业。大二时从济南校区转移到日照校区,社会体育专业委托体育系管理。时任体育系党总支书记刘爱华敏感地意识到中国民航飞行学院的"招飞"既是提高学校就业率的机会,更是改变学生个人命运的机遇,于是组织安排了飞行学院来我院第二次招飞。我带着腾飞的梦想,过五关斩六将,通过所有考核,并在刘书记的指导帮助下于 2006 年顺利进入飞行学院。

在母校的学习只有短短两年,短暂的经历不曾成绩卓越,更不曾大放异彩。离开母校后,却时刻提醒自己是山体人,要发扬体院"坚卓竞远"的校训和"严勤创实"的校风,即使不能为母校争光,也不能丢掉母校的魂!

经过两年时间的求学,我以优异的成绩从中国民航飞行学院毕业,成了深圳航空公司的一名副驾驶,又经过不懈努力,由副驾驶成为一名机长,随后又被聘为机长教员,直至走上基层领导岗位。

这些日子是在不息的奋斗中度过的:每当学习繁冗复杂的航空知识遇到疑惑时,都会提醒自己要努力;每当面对充满挑战与未知的工作感到挫折时,都会要求自己要坚强;每当慨叹命途多舛生活诸多不顺时,都会告诉自己要一往无前。经过了这些年,可以问心无愧又不无骄傲地对自己说一句:体院人,好样的!

有人说,你母校不是飞行学院吗?这个答案我无法否定,因为我的毕业证书上有着"中国民航飞行学院"清晰的钢印,但你却不曾发现,"山东体育学院"的印记已根植于我内心,甚至在我澎湃的血液中始终流淌着"更快、更高、更强"的激情。

假如说是飞行学院给了我腾飞的翅膀,体院就是托起我成长的那双大手。这双手是亲密无间的同窗们的互帮互助,这双手是亲切又不失严厉教授们的谆谆教导,这双手是母校的殷切希望。

六十年历练　一甲子辉煌

孙　威

金秋十月,序属三秋,丹桂飘香,值此菊桂之华年,我们满怀喜悦地迎来了山东体育学院的六十华诞。

六十年时光,在历史的长河中,只若白驹过隙般的一瞬,然则,六十年的时间,对于一所学校的发展却是那么的悠长。我们走过艰辛,走过辉煌,曾经在困境中追求突破,在璀璨中砥砺斗志。

回顾六十年风雨历程,我们感慨万千:母校的办学条件逐年改善,校舍不断扩建,教学设施、实验设备不断前沿化,科研力量不断增强,教学成果逐年增加;母校的师资力量也在稳步提高,一批批充满活力及热血的创新型人才为学校注入了新鲜的血液;母校的教学业绩一再创新高,培养了一批又一批动手能力强、实践水平高的应用型人才,为社会各界所认可。

山东体育学院走过了脚踏实地、诲人不倦的六十年;走过了孜孜以求、锲而不舍的六十年。六十年来,山体人用自己的青春和汗水,打造了山东体育学院昨日的辉煌;用知识和智慧,挺起了山东体育学院今日的脊梁;用博爱和文明,积淀了山东体育学院丰厚的底蕴;用豪情和壮志,书写了山东体育学院壮丽的篇章。真可谓:耕耘共收获一色,奋斗与成绩齐飞。

弹指六十年,桃李芬芳。每一个心灵都有属于自己的梦想,每一个梦想都有属于自己的天空。山东体育学院是一片智慧的沃土,一盏不灭的烛灯,一个璀璨的星际。在这一片属于梦想的天空,有着充盈的阳光和希望,为无数心灵托起飞翔的翅膀。作为知识的神圣殿堂,她致力于文化的传播、人格的塑造。她崇尚奋斗,激励着莘莘学子不断探索、不断拼搏。她以严谨的教风熏陶了一代又一代学子。知识之花在这里盛开,人格魅力在这里绽放,学子们的未来也由这里而开启。

六十年璀璨,聚焦多少远眺的目光;六十年辉煌,生长多少栋梁人才。

勇往直前山体人

——献给建党95周年

任　杰　于爱丽

泰山脚下黄河边，
最美要数咱济南，
济南七十二名泉，
日夜喷涌不停闲。
都说泉水能养颜哪，
满街的帅哥美女一大片，
仔细看，
最帅的都在咱体院！
建校五十八周年，
从老师到学生，
一个个身怀绝活不简单。
哎，走一走，看一看，
果然是名声不虚传。

说今宵，道今天，
顺着泉城往东看，
世纪大道凤凰山，
欢歌笑语频频传。
邀您一起来看看：
请看宽敞的大门间，
六个大字金灿灿，
上写着“山东体育学院”！
往里走，往里转，

浑朴的假山迎门站，
训练场连成片。
瞧这边——
青色的高楼拔地起，
凌霄花儿开得艳。
和暖的夏风荡漾湖面，
体育场，照明灯，
巍然屹立耸云端。
那边看——
七彩的霓虹在变幻，
小广场上乐翻天，
舞狮舞龙锣鼓喧，
热闹的掌声连成片。
那是在庆祝咱建党95周年，
山体人载歌载舞把党赞！
——想当年，
嘉兴湖上立誓言，
一把铁锤一把镰，
推翻了沉重的三座山！
改革开放大发展，
十八大又谱新诗篇，
中国梦，绘蓝图，
续写了两个一百年，
自信、智慧、奋起直追来实现。
追梦路上的山体人，
坚定信念跟党走，
步调一致永向前！

话说1978年，
那时候，
复院只有二十四亩田，
招生专业只有1个，

学校师资很不全，
招生人数实在少哇，
只招 50 就爆满啦。
教师住在筒子楼，
家家楼道来做饭。
教学训练借场地，
马路边上搞训练。
冬天大雪铺满地，
师生们大冬天训练不怕寒。
烈日炎炎似火烧，
咱们鼓足干劲来训练，
不叫苦,不叫难，
拼搏豪情冲云天。
老一辈的山体人，
艰苦奋斗锐意进取，
给我们留下的精神财富用不完。

岁月如梭实在快呀，
转眼到了 2002 年，
校区跨到大海边，
齐心协力把日照校区建。
研究生教育获得体育学科硕士点，
学科建设向内涵方面求发展，
三合一把办学道路来探索，
科研领先促训练，
成就了林伟宁、邢傲伟、邢慧娜，
还有周璐璐、张成龙和李晓霞，
他们奥运会上拿金牌，
给咱山体争了光。

现如今，
凤凰山上落凤凰，
两个校区齐向前，

办学层次大提高,
学校规模大发展,
有内涵,又丰富,
学校成就大彰显!
专业就有 16 个,
年年招收好青年。
在校的体育研究生已经超过三百人,
毕业的校友超 3 万啦!

文化生活大发展,
师生员工干劲添,
校园网,广播站,
电子屏,宣传栏,
运动场,校史馆,
学报校报最耀眼。
青春之约大讲坛,
团中央都给咱们点了赞啦!

全民健身主战场,
科研团队走在前,
科学指导促健康,
示范园区美名传。

哎!您再看,
第一书记下了乡,
扶贫帮困奔小康。
奥运会派出了科技服务队,
为夺金牌添力量。
社会体育指导员,
为全民健身来指南。
毕业生奔赴四面和八方,
崭露锋芒把名显。
空军中将景学勤,

保家卫国建功勋；
武术大家于承惠，
双手剑术天下传；
女画家萧蕙非等闲，
花鸟山水令人羡；
健身大师李庆华，
体育产业更不凡啦。

说过去，看今天，
山体的成就不一般，
昨天的故事很精彩，
明天的梦想更灿烂。
四届二次教代会，
宏伟蓝图来描绘，
新理念，新定位，
人才强校再登攀。

哎，说发展看发展，
严勤创实永不变，
凝心聚力启航程，
党的领导最关键。
高举旗帜跟党走，
继往开来谱新篇。
老一辈、新青年，
坚卓竞远薪火传。
齐声颂，共祝愿：
山东体育学院
十三五宏图再展新颜！

你比想象的自由

单　涛

我是在刘瑜的《送你一颗子弹》里读到这个故事的。一个叫查尔斯的人，在40岁的年纪，只给家人留下一张写有“晚饭准备好了”的纸条，怀揣着100元钱跑到巴黎学画画，从此，像余华小说《活着》里的福贵一样，踏上了噩运之途。听惯了励志故事，我们一定不会喜欢这样的故事。五年之后，查尔斯穷困潦倒，亏朋友相救得以存活，后来沦落为码头工人，又自我流放到小岛，患麻风病，双目失明，死前将作品付之一炬。他本来可以过着优越的生活，但这样糟糕的选择让他走过了不一样的十五年。

这个故事，是刘瑜从毛姆的小说里看来的，小说叫《月亮和六便士》，刘瑜在文章的最后这样写道：“对，那时他已失明，只能聆听颜色，金色是高音，黑色是低音，白色是微风，红色是尖叫。我承认，此情此景不能唤起我丝毫的怜悯，因为我心中唯有敬畏——骇然与敬畏”。

我把这个故事，讲给了我的学生。在《演讲与口才》课上，有位女孩在讲她的人生规划时，说到她不愿意再读研了，只想早早参加工作，因为她家里有个高学历的女孩子，在找对象时遇到了麻烦，至今单身。这有点让我吃惊，虽不能强扭她的观点，但还是想从侧面影响她，就讲了这个故事，不过，只是前半段。

过后我就想起我的二十岁，那个时候我没有这么实际，结婚、生子是万万不敢想的，但也绝不像查尔斯那样会沉浸在梦想里，至今也没有他那样的勇气。我讨厌《论语》里讲的“父母在，不远游，游必有方”。这句话断送了多少人的梦想。当过了十八岁准备出门远行的时候，这句紧箍咒总不让你自由。查尔斯也有这样的紧箍咒，且不谈所谓的家庭责任、伦理道德，只说他能扯断金箍，迷失在理想里，就足以让人产生敬畏之感。我喜欢刘瑜说的“骇然与敬畏”。

据说，毛姆是根据画家高更的生平创作小说《月亮与六便士》的，当然他的杜撰超过了现实。六便士是当时英国货币的最小单位，毛姆在听到朋友的玩笑——

人们在仰望月亮时常常忘了脚下的六便士,觉得有意思,就起了这个书名。

查尔斯是追求月亮的人,他在四十岁的时候顿悟,抛弃了世俗的羁绊,从脚下的六便士上从容地踏过去,用朝圣的心情奔向他的月亮。这个年龄,做这样的决定,我知道有多难,但我实在不愿意看着二十岁的孩子们盯紧着脚下的六便士,二十岁,是追求梦想的最佳年龄。或许他们被骨感十足的现实吓怕了,可我还是想告诉这些孩子们,别太在意脚下的六便士,你捡越多,也就越够不着月亮。

我也常向学生讲述另一个学生的故事。他是一个外表腼腆的孩子,但有一颗不安分的心,他说曾在暑假里一人骑自行车跨五省而游,差点被太行山的急流打死,我很震惊。后来我也知道他利用假期打工挣的钱,常背上包穷游。现在他和同学合伙做起了水果和蔬菜外卖工作。

他有点像查尔斯,讲他们的故事,是想告诉我的学生:你比想象的自由,现实虽然骨感,理想必须丰满。双目失明的查尔斯静坐海边,聆听风的颜色,不也是一种成功或幸福吗? 体会到了,就懂了。

一个人的阅读与一代人的观念

高传华

我平时也读点书，虽然不敢妄称“读书破万卷”，但几百卷恐怕还是有的。但是在不同的时期，喜爱的范围肯定有所不同吧？

我至今还记得小时候，有一个小伙伴家里的羊羔不幸夭折了，我和那个小伙伴抬着去集市上卖，换了4毛钱，我们就用这四毛钱买了一本《童话大王》的儿童书，回来后当作珍宝一般，翻来覆去地看了很多遍。现在想来，这也许是关于书的最早记忆了。因此在内心里觉得无比珍贵，仿佛小时候的心爱之物一定美轮美奂。后来又给孩子买了，发现也不过如此。大约是经历多了，已经没了当年的天真和幼稚，同时也多了一些世故和冷漠。只有孩子的心，才能称得上是赤子之心吧？

鲁迅在《阿长与山海经》里讲他拿到自己喜爱的书的感受是“遇着了一个霹雳，全体都震悚起来”，可见《山海经》对幼时的鲁迅是了不起的诱惑。但是后来找到那几本珍藏的书，才发现“这四本书，乃是我最初得到，最为心爱的宝书”的模样，到现在还在眼前。可是从还在眼前的模样来说，却是一部刻印都十分粗拙的本子。纸张很黄，图像也很坏，甚至于几乎全用直线凑合，连动物的眼睛也都是长方形的。但那是最为心爱的宝书，看起来，确是人面的兽，九头的蛇，一脚的牛，袋子似的帝江，没有头而“以乳为目，以脐为口”，还要“执干戚而舞”的刑天。

失望之情是很明显的了。鲁迅与我相隔百年，年少时的记忆竟然如此相似。可见变化的是岁月，不变的是人情。人在不同的阶段有不同的朋友，同样也有着不同的喜好。人如此，书如此，物亦如此。

我非常喜欢鲁迅在《朝花夕拾·小引》里的一段话，“我有一时，曾经屡次忆起儿时在故乡所吃的蔬果：菱角、罗汉豆、茭白、香瓜。凡这些，都是极其鲜美可口的；都曾是使我思乡的蛊惑。后来，我在久别之后尝到了，也不过如此；惟独在记忆上，还有旧来的意味存留。他们也许要哄骗我一生，使我时时反顾。”

“惟独在记忆上，还有旧来的意味存留。”是鲁迅文字里一贯表现的情绪。他在小说《故乡》中也流露了同样复杂的情感，那是一种甜蜜的忧郁。

在人生成长的过程中，总留下一些不能忘却的旧事。我幼儿时期的那本《童话大王》已经交代过了，小学时靠的是一本《作文周刊》，中学时又变成《中学时代》，这些刊物也许早就停刊了吧，但那时却是影响我整个青春的书。直到大学时才逐步了解并研究起鲁迅。然而皇皇十六卷的《鲁迅全集》，自己喜爱的不过是《呐喊》《彷徨》《朝花夕拾》《野草》《且介亭杂文末编》里的各自几篇。这些文字都是与人物有关的，比如《呐喊》里的《社戏》《故乡》，《彷徨》里的《祝福》《在酒楼上》《孤独者》。这几篇小说都是与作者的童年、故乡以及以前的玩伴旧友有关，充满了浓浓的情谊或者深深的忧伤。但即使是哀伤或者凄凉吧，也有一种英雄末路的抑郁，而不是抖笑或者戏谑。尽管多角恋爱和传奇猎艳也是有趣的，但是我不喜欢。

在民生多艰的年代里，每个人当然都有“自隐于世、悠然其乐”的自由，但我还是尊敬那些“文学是为人生，并且必须改良这人生”的启蒙知识分子。我赞扬那些在冷漠的人群中孤身奋战的虽然有着缺点的战士，厌恶那些成群结队、嘤嘤嗡嗡的即使是完美的苍蝇。

《朝花夕拾》连同小引、后记共 12 篇，作为家喻户晓的经典现代散文集，其中的《小引》《阿长与〈山海经 >》《无常》《从百草园到三味书屋》《藤野先生》《范爱农》都是平常但可爱的。里面的每一篇文章都展现了当时的世态人情、民俗文化，流露了鲁迅先生对社会的深刻观察和对家人师友的真挚感情。《野草》虽然是散文诗，整体的阴郁气息很浓重。但里面的《题辞》《秋夜》《雪》《风筝》《希望》《好的故事》等并不晦涩，有的语言很优美，极富哲理性，都是常读不厌的。

上述的几个集子都是流传较广的，多数图书市场都可以看到。《且介亭杂文末编》却不为读者所注意。我手头的也是一本旧书，纸张早已泛黄。里面的文章大都写于鲁迅逝世的 1936 年，鲁迅本人也许能感受到自己将走完人生的征途，因而作文凝聚了全部的心力和真情。往事一幕幕涌上心头，落笔却又举重若轻，在《野草》的极尽绚丽后复归于简约古朴。《关于太炎先生二三事》《我的第一个师父》《女吊》《这也是生活》，都是平实感人的，虽然放在杂文集里，实则是优美的记叙散文。鲁迅在晚年，语言已经是炉火纯青，幽默精炼，讽刺全出于自然。鲁迅一生创作十四册杂文集，当属《坟》和《且介亭杂文末编》最有价值。

苟且 V. S. 诗和远方

韩 庆

“生活不只是眼前的苟且，还有诗和远方。”这句高晓松的招牌口号，成了当下很多大学生挂在嘴边的人生指南。

何为苟且？清朝顾炎武《岁暮》诗中有“流离三十年，苟且图饱煖”。蒲松龄《聊斋志异·红玉》中提到“幸邻人怜餽食饮，苟且自度”。苟且既不是只图眼前、得过且过，也不是敷衍了事，更不是不循理法。苟且代表了我们生活中的无奈、屈从，也代表为了能够获得更好的外部条件与资源去满足自己内心欲求而付出的心血。

何为诗和远方？它不是要你写出千古绝句，也不是要你去踏遍故乡以外的河山，它更多代表的是人生在世的一种美好的向往，一种人在生存过程中追求的自己的内心欲望。诗代表的是人生之诗，代表的是生活的诗意，生活的情趣和对生活的思考和注解；而远方则是你内心中一直没有到达过的那片净土和向往，可以是你心中的一个人、一个梦、一种生活方式，也可以是一种人生境界。

教育，不仅给学生描绘诗和远方，还要让学生学会直面苟且。

一方面，“生活不只是眼前的苟且，还有诗和远方。”活在当下，衣食无忧，享受生活的日子无可厚非，但如果一生中从未睁开眼睛地活着，没有理想追求、家国情怀，汲汲于功利，混迹于苟且中，人生岂不乏味？

另一方面，“生活不只是诗和远方，还有眼前的苟且。”苟且不是重点，重点在于“不只”，你的踏实、勤奋、拼搏、开拓不仅仅只是眼前的苟且，也许这就是诗的开头或远方的起点，抑或是他们成形前的模样。

人们惯于远眺诗和远方，精神亢奋地去歌颂理想，却鲜有人会低头正视并走完“眼前的苟且”。殊不知即使有了无数远方，那也只是激励你前进的目标，而不是放下眼前苟且的借口和托词，不是让你去摒弃现在的生活，而是让你设身处地去想明白，如果你真的厌恶现在的苟且，那么你该怎么做，才可以得到诗和远方呢?

也许,眼前的苟且,正是为了诗和远方;

也许,你的诗和远方在别人的苟且里,你的苟且是别人的诗和远方;

也许,生活没有了苟且,也就没有了诗和远方。

春花弥漫的快乐

侯　晓

春天，路边的草丛中，总会看到一簇簇的紫色小花儿挤挤挨挨、高高低低、自由随意地开放。在杂草的映衬下，它们显得格外漂亮。其实，这个紫色小花叫啥名字，我至今都不知道。只是因为它开过后，会长出小伞状的类似蒲公英的种子，所以我也就叫它蒲公英了。每到五六月份，负责绿化的师傅会在整饬杂草时把它们连同开黄色小花的苦菜一起铲除，可来年，它们依然会旺盛地绽放。

在这个季节，一路走来，我经常会采那么一两束野花带到办公室，找来两个杯子把它们安顿好。有了鲜花的办公桌顿时亮丽了起来。工作累了，伸伸腰，晃晃肩，然后对着花束左看右看地欣赏一番，心里很是惬意，疲劳也一扫而光了。于是很得意，这些小花能给办公室增添生机和野趣，给大家带来丝清新和一天的好心情。

只是没想到，这小小的开在路边的紫花，不但能愉悦心情，还能带给大家惊喜呢！周五走的时候它还是美美地开着，等过了周末在周一的早上看到它，竟然变样了：满束的紫花都变作白色雾状！那些毛茸茸、颤巍巍的，随时会挣脱花枝、四散飘飞的“小伞儿”，飘悠悠地依附着枝叶。即使你小心地在它旁边走动，也会惊得它飘起几朵来悬浮在空中。同事说，快点处理了吧，不然咱办公室可热闹了。大家爱开玩笑地说：“满屋种子乱飞，来年，屋顶、房角，会遍开紫花了。”

我看着这些可爱的“小伞”，心想，把它们拿到楼下去放飞，会很漂亮吧？童心突然泛滥了，于是，拿了方便袋罩着两束花，叫上对桌的美女，下楼去放飞蒲公英！

放飞现场还是很壮观的，只是当天的风太大了，满满的小伞儿，霎时，就被风吹得不见踪影。很可惜，没有找到漫天飞花、飘然而散的感觉呢！但是验证了它可以放飞的事实，便在心里笃定，呵呵，明年，明年一定再来，找个微风的天气，看它飘舞的美姿……

祖孙三代汇聚的梦想

王洪恩

我的家乡是一个名不见经传的小村庄，在我的脑海里那是一个风景宜人邻里和睦的地方。在那个村落里，每个人都过着极其平凡的生活，但每个人都有自己的梦想。

每一代人的梦想都代表着不同时代的特征。爷爷经常说他小时候觉得一天能够吃上一顿饱饭，一年能够吃上几个白面包子就很幸福了，可是在那个落后挨打的年代是不可能实现的。为了这么一个小小的梦想，爷爷整整盼了30年！他曾说，国家、国家，先有国后有家，国家强大了，老百姓才有好日子过。

我的父亲是一个地地道道的农民，日出而作，日落而息，家里的五亩三分地就是他的命根子。每年多收三五斗粮，儿女健健康康就是他这辈子最大的梦想。中国梦这个词语，离他很遥远。但我却低估了父亲。回家时，我提到了中国梦，父亲沉思了半天，然后望着我笑道："在你小的时候，家里收入微薄，那时我总希望国家能减免农业税，少交一点粮食，如今这个梦，圆了。"接着他很骄傲地说："当年你老爸是个品学兼优的孩子，只是家庭条件不允许，书读到初中就退学了。此后我非常羡慕大学生，我最大的梦想就是能让自己的孩子上大学，我的这个梦，也圆了！"

听完了父亲的话，我陷入了深深的沉思。我的梦是什么？如今我们都能吃饱饭，都能有学上，我们还需要什么呢？我想看到我的父辈生活了一辈子的家乡，田里都长满绿油油的庄稼，老百姓家里都装有金灿灿的粮食。随着中国经济的发展和教育体制的改革，我们农村的孩子都能读书，都能为国家的建设发展做出更大的贡献。我突然明白，我的梦就是"蜕变"，成才成长，化茧成蝶！

我们应该珍惜青春年华努力学习，勤于实践。蜕变的过程是很痛苦，但每一次蜕变都有成长的惊喜！

中国梦是民族的梦，也是每个中国人的梦。我们共同享有梦想成真的机会，共同享有同祖国和时代一起成长与进步的机会。有梦想，有机会，有奋斗，一代代的团结进取共同汇成一个梦，这就是我们的中国富强梦！

纵马 地阔天宽

张珈仪

三年意气，三年高中，我们已然在时间的牵引下走过。但高考的余波仍时不时地在我空暇时分回荡，提醒我莫再言忘。高中三年，消沉过也奋斗过，无言泪流过，也放声大笑过。如此恣意，如此坦荡。

恍惚间，倏地想到自己已是在大学了。有些淡淡的无措，怅然不可言说。似乎昨个儿还在欣笑着、闹着的我们，今儿就不得不直面新的责任与压力。昨日，高中，踌躇满志，任一腔热血在体内翻腾，只为踏入大学。今日，大学，茫然不知自己该做些什么又能做成些什么？虽是刚入学几个日夜，当迷惘时，常在黑暗中默想。慌慌张张脊骨发凉，我吃力地探寻光亮。未来会被自己描画成何种模样？

流光容易把人抛，红了樱桃，绿了芭蕉。回望着缭绕的旧时光，品尝着回忆独有的感觉，苦、甜个人自知的味道，犹如自鼎炉中幽幽化开的馥郁香气，有着梦的细腻。然而，纵使那味道让人着迷不已，也万万不能醉倒不再醒来啊！现实，明朗的在我们面前。新的生活，新的目标，告诉我们应该有新的开始。

薛保勤写道："纵马，地阔天宽。"这句诗如种子扎根在我的心田，发芽，茁壮。细想如今，于纵横交错的命途中，我走在自己选择的路上，看着一步步倒退渐远的风景。我想，怕什么呢？往前走吧，对未来的期望怎能凭成功或失败来丈量？犹豫什么呢，黑暗中，若无光，就让自身华光绽放！

"我要借这一时的豪放与从容，书写我所有的欢欣。"不错，即使明日天寒地冻，风狂路遥，我也要坚持在地阔天宽中，纵马前行！

依旧在静默中冥想，但明了即将开始的新生，故不会再恐慌。于是，坦然中带起一抹期盼的笑容。细嗅，幽香源自校园花丛深……

妈妈的吻

辛文丽

小时候，总喜欢调皮地在妈妈的脸上印下红红的唇印；长大后，突然明白，幸福，原来就是带着妈妈的吻踏上旅途。

——题记

小时候，最大的乐趣是偷偷拿走妈妈只有在过年时才舍得用的口红，再然后偷偷地在妈妈的脸颊留下红红的唇印，迅速逃开，在门后看着妈妈又怒又笑的表情偷笑……

我出生在一个世代务农的家庭，爸妈常年忙于农活，是不会在出门时在我们的脸蛋上轻轻亲一口的。在我幼小的认知里，那样温馨美好的画面只应出现在电视上。

后来，我慢慢长大，懂得那时父母的艰辛，也慢慢明白，原来他们一直在深深地含蓄地爱着我们，以他们独有的方式。

世代务农的他们最大的心愿就是我和哥哥能有出息，考上大学，以弥补他们未能踏进高等学府的遗憾，更重要的是，在我们生活的年代，大学是农家子弟出人头地的唯一出路。我们从小就明白自己的使命——考大学。所以自打上小学，我们没有请过一天事假。童年不是在爸妈的宠溺中度过的，我们每天在他们的督促中认真完成作业，按时上床睡觉。即使是在我们的软磨硬泡下狠心给我们买来的玩具也全是益智类的。在爸妈的眼里，学习是我们唯一的任务。

上高中之后，我虽然离家住校，还是能从那牵挂声中听出无尽的期盼。为了不打扰我平静的学习，每次电话妈妈总是报喜不报忧。有一次，妈妈生病住院，为了不露出破绽，每次给我打电话之前，总是讨好地跟同病房的人商量，请他们稍微安静那么一小会儿。我意外得知之后，泪水不禁夺眶而出。

踏进大学的校门之后，我慢慢发觉妈妈的变化。从前的电话是关注我的学习生活,对于自己的喜怒哀乐从不提起。现在,在妈妈电话里,我会得知家里的大大小小的各种事情,甚至是邻居到自己家里聊天了,我也能第一时间知道。有时候我就想,是妈妈感觉自己长大了,开始有意识地跟自己商量一些事情了吗?还是妈妈渐渐年老,有了爱唠叨的习惯?其实都不是,或许依赖有了那么一点儿,但最重要的是,我已经考上大学了,妈妈心中那多年的心愿实现了,不再有那么多担忧,不再需要小心地斟酌通话的内容。

随着大学生活的开始,我回家的间隔时间越来越长,在家待的时间也越来越短。可是爸妈劳累依旧,因为大学的费用对于一个务农的家庭来说并不轻松。归校那天,妈妈仍没舍得休息,只是清早离开之前来到我的床前,偷偷地在我的脸上留下轻轻的两个吻。那一刻,我有种抱住妈妈大哭的冲动。

那个夏天

朱晓雅

“午后的风摇晃枝丫，抖落了盛夏。”回忆碎成片段，散落一地，明亮、灰暗。我和我的高中同学们，记不起初遇，却一直难忘离别，反复回味的都是那些共度的美好时光。

记得高考完的那个下午，同学们疯了一般，一群人在操场跑着、笑着、喊着，放松紧绷的神经。跑累了，横七竖八地躺在一起，尽情地享受久违的阳光和新鲜的空气。兴奋之后，想到即将的离别，每个人的脸上都有很多的不舍。虽然不说什么，但每个心里都清楚彼此的感受。

同学小欣给我打电话：“出来聚聚吧，就我们几个。”这应该是开学前最后一次见面了，大家在一起唱着、说着、笑着，谈对大学生活的向往，谈人生目标，谈以后的生活规划。疯了很久，闹了很久，谁都没说一个离别，谁都没掉一滴眼泪。

唱得累了，散了。当西边天空泛起层层红色涟漪，终于有人提出回家吧。老远，贺子和他那辆锈迹斑斑的破车在等着我。那定格的画面熟悉而又模糊。贺子骑着他那辆被我嘲笑过无数次的破自行车载着迷迷糊糊的我回家。隐约地听到那句真诚的话语：“丫头，以后要好好地……”风吹乱了字符，吹得很远很远。第二天，阳光依然美好，可是高中生活不再，同学离别，贺子和我也各自开始了自己的大学生活。

时间真快，我在新的学校已经生活了近一个月。新的学校、新的老师和新的同学，总还有些陌生。我一个人吃饭，一个人睡觉，一个人打水，一个人领新书，一个人去上课，一个人买零食。就这样习惯了很多不习惯。面对夜空，我开始想念以前。有天在一家店前听到王筝清脆的乐声“我们都是好孩子……”我忍不住失声痛哭。我们曾经唱到沙哑，只为一起学会它。

我明白，过去的已经过去了，新的生活正在开始。我明白，暂时的陌生感会消除，新的友情会慢慢培养。是啊，在大学校园新的环境中，我会好好的，好好地学习，好好地生活，好好地为了未来而不停止前进的脚步。

仰望·远征

侯秀霞

有人说生活是一本书,有的人把它读薄了,有的人却把它读厚了;有人说生活是一首诗,有的人把它写短了,有的人把它写长了。其实,生活的本质是一次旅行,你能做的只是在仰望与远征中变换自己的角色,改变自己的征程,熟悉步伐的节奏。

仰望,不是简单的一个抬头动作,而是对岁月的回忆。那回忆的光辉,亦如满天的星星,亦暗亦亮,亦乐亦悲。在仰望中,你打开尘封已久的纪念册,那里面有你轻轻一触就会隐隐作痛的伤楚,也有遥不可及却无法释怀的甜蜜。在心与心的交撞中,你变换着自己的角色。曾经读过一本书《三十度仰望》,里面有一段自己很喜欢的句子:"你在干什么?我在仰望天空。为什么把头仰望到三十度?那是我思念她的角度。那为什么只把头仰到三十度呢?是为了不让自己的眼泪流下来。"就是这样的一段话,让我感受颇深。我不知道作者在写这段话时心里的感受,可能是感伤和甜蜜的交集吧!是啊,即使在仰望,我也要固执地只把头仰望到三十度,这是一个完美的弧度,亦如一个美丽的结局。

仰望,只是生命旅程中瞬间的驻足。就像长时间走在沙漠中,突然看到绿洲,它带给你的是片刻的激动和内心的澎湃。它只是微不足道的救命稻草,它不可能让垂死的人起死回生。想要走出沙漠,仅仅只有绿洲是不够的,你能做的只能是一直远征。其实,生命就像一条金鱼,回忆就如水槽,远征就成了救鱼的水。如果没有远征,没有水,鱼只能躺在水槽中,靠着回忆存活,最后也只能靠着回忆死去。驻足了,仰望了,痛过了,悲过了,剩下的又是什么?选择靠着回忆存活,还是死去?试着远征,试着前进,也许你的角色变了,你的征程改了,你的节奏换了,但你会发现,仰望的时候你释然了,你能每次都完美地把头仰到三十度,不高也不低。打开纪念册时,你不管看到什么,都能会心一笑。

人们总是说,得不到的往往是最好的。那只能说你把生活这首诗写长了,把生活这本书读厚了。生活不需要多么轰轰烈烈,在平平淡淡、真真假假中领悟生命的真谛,不是别有一番滋味在心头吗?试着把你的书读薄了,把诗写短了吧。

仰望,完美的把头仰望到三十度;远征,靠着回忆存活。在仰望与远征中变换角色,改变征程,熟悉节奏,领悟真谛。最后,甜甜的微笑,在清风中,张开双臂,自由驰骋。

从冬天到春天

冷雪媛

夜已深,躺在床上,耳朵里塞着耳机。宿舍里的灯光从各处打过来,一直以来有任何光亮就无法入睡的我,今晚竟忽视了它们的存在。现在的我已由宿舍第二大猫头鹰退居第三第四位,再经不起折腾,再也没有一个人让我这么折腾。听着各种旋律平和的歌,感慨的思绪还在各种角落忙忙碌碌地飘忽游离。

蓦然就很想知道:若是有可能,很久以后的某一天,自己会流落到哪座城市的哪个角落?若是有答案,倒很希望是一个自己深爱的小城,每天清晨被窗外茂密绿叶里的老树枝上悠闲的鸣唱声唤醒,听见闹钟清脆舒心的嘀嗒声,看着天空不惊不扰地包裹着这世界,清澈的阳光透过窗洋洋洒洒地泻在卧室,温暖的空气透露出恬静与安然的味道,抚触过每一寸肌肤……

清晨醒来,依旧是小雨。

昏睡前想过些什么词句都已记不起来。躺在床上,我听见沉静的雨声,别过头,看见斜斜的雨滴被玻璃拦住,而后又借助地心引力附着窗户弯弯曲曲地流下,一条一条的,似是女子脸上落下的泪痕。

傍晚时分,济南飘下这个冬天的第一场雪。当室外某个空间里的可见度愈来愈低时,我怀着一种孩童的心奔入簌簌飘落的雪中。美好的心情,结了冰的刘海,从镜片上融化滴到脸颊的水。有些情愫是一时半会改变不了的,即便强迫也改变不了。

回去的路上,不禁又忆起前些天一直惦念的心思。屋外是淅淅沥沥的雨或者飘飘摇摇的雪,带着微冷或是寒冷的温度,一家人话着家常,围着大圆桌吃热腾腾的水饺。这该是多么寻常而温暖的画面。然而,即便是如此触手可及的温暖,自己也有些年头没有触碰了。

深夜,这首《Winter in my heart》一遍一遍徘徊在耳边,直到再也勾不起任何怀念。但是,这个冬天,我究竟想起了谁?围绕在身边的那些人,都是忘不了的曾经。

一粒种子萌发的希望,一阵微风唤起的生机,一米阳光带来的欢笑。几片不起眼的绿叶,被满簇鹅黄包裹着的迎春植株,都在向我诉说着春天的到来。是啊,漫漫的冬日终于过去,当我第一次看见今年盛开的迎春花在风中摇摆的时候,心头一暖:身体健康,朋友成群,父母安好,日子安稳。我确是很幸福的人了。

有的人常常认为自己不快乐,抱怨没人理解这些不愉快。若是用显微镜观察快乐、温馨的事,用哈哈镜对待令人不悦的事,是不是就会舒心了。

成长不解风雨情

许卫健

儿时的风，是最好的玩伴，风筝在空中追逐嬉闹，记得不小心跑进刚浇过的麦田，一个跟头摔成了花脸，绿油油的麦苗迎风荡漾，嘲笑着我的顽皮，索性脱了鞋子，追着哥哥在泥水里玩耍。记得那时的风吹得好高兴，满脸都是稚嫩的笑容。

成长是阵凛冽的风，一个美丽的疼痛。突然喜欢上了一个人旅行，喜欢发着呆，看着爷爷长长的烟筒。旖旎流转，往事如梭，夕阳渐渐洒满了金黄，也洒在了爷爷的额头。熟悉的光景开始拼命倒退，我丢掉护衣冲进风雨，妄想抓住残留的风景，徒劳无功，在眼泪下来之后，得到了证明。

成长是一个人的事情。我背上背包，开始了旅行。

多少个阴晴圆缺，在日月交替的轨迹上泛着孤独。一步一步，似乎习惯了不快不慢的行走，等待着陌生风景变得熟悉，等待着熟悉的风景变得陌生。

为了成长，我们打开了一扇门，为了安全，我们又关上了一扇窗。我小心翼翼打开锈迹斑斑的锁头，封存的成长记忆寒冷扑鼻，慰藉孤寂的灵魂。

风，吹暖了心情。大学校园里满是绿绿葱葱，没有阡陌纵横的羊肠小道，放眼望去绿得如此彻底。成长的路还在继续，因为经历，就值得。爱过的，恨过的，不问值不值得；看见的，看不见的，都会遗忘。

天空流泪了，但是我没有下雨。风在春天的耳边呢喃，不知说了什么，喜得春天笑开了容颜。期待小雨过后的晴空，期待着成长后的蔚蓝！

时光轴

丁珊珊

时光的剪刀总是让奔驰的幸福戛然而止,我们背起行囊,朝大人们希望的方向,也朝自己憧憬的方向,不回头地一直往前走,渐渐融于人世浮华,渐渐专注于利益法则。大人们说,我们懂事了,他们似乎很欣慰,我们也好像有些许骄傲。

小时候,可以没心没肺地肆意开心,跟一群男孩女孩在土堆上玩滑梯,满头是汗的我们一起玩捉迷藏,那时候的我对游戏有着执着的新鲜感,怎么玩都不会厌!那时候,爸妈都很忙,回家后就自己乖乖地把脏衣服换了,洗了,总觉得那时候的自己是最懂事的,不会做噩梦,不会失眠,不会苦恼伤心难过。

小学四年级的时候,我转学了,回来后总是会想现在她们还记不记得我,有时候会特别特别想回去,哪怕只是看看那个地方,看看他们的样子,即使他们都已经不记得我了!我可以像一个小丑一样慌忙出场却也可以像一个贵妇一样华丽转身!怀念那个如梦境一样无忧无虑的时光。

高中三年,耳边充斥着“高考、高考”,几乎每个人都在为了这一个目标昏天黑地地穿梭在宿舍、教室、餐厅,而我就像悬在一个没有声音没有一切的真空中,任凭我怎么呼喊都没人回应,上也上不来,下也下不去。后来我选择成为体育生,早晨寒冷、凛冽,我们训练的时候总是能看见深蓝的天空挂着弯月,月尖上还衔着星星,就只有一颗而已,明亮闪烁,美得就像我们那时最刻骨铭心的记忆,虽然苦累,却正在为自己的将来做着些什么,就如冬天里的枝丫,勇敢、清晰、坚强。

走进大学,可以做很多很多以前不敢做、不想做、做不到的事,活得越来越自由,生活与学习的控制力都源于自己,源于自己对最初梦想的渴望。

走出大学呢,会是什么样?

爹

贾 艳

我想用朴实但真切的话来说说我的父亲。说给我的心,说给我的情。

说实话,我没有叫过父亲“爹”,我们称呼父亲是那最平常的一个字“大”,或许没有人知道“大”的含义。但这一个平平常常、普普通通的三笔之字就是我们对父亲的称呼。

父亲是普普通通的农民,辛辛苦苦生活了近 60 年,然而我的父亲是不平凡的。他摸滚打爬了 40 年,养活了我们 6 个孩子,供我们读书。父亲没多大文化,但希望我们要有丰富的知识。父亲常说:“孩儿啊,好好学习啊,我就是砸锅卖铁上外面要饭也供你们上学!”父亲望子成龙,但没有苛刻;父亲苦口婆心,但没有咄咄相逼。因为父亲像天下所有父亲一样,他爱我们。父亲的爱如同春天里柳树抽的芽,不知不觉却一片绿荫;父亲的爱就像土地里的草,日夜之间就如柔柔地毯。

父亲高高瘦瘦,一眼看时,只能用两个字来形容——黑瘦。每当看到他那墨黑干瘦的身体时,我都有一种钻心的疼,仿佛看到了烈日下父亲躬身耕作的情形。农民不止一个,炎炎烈日下,父亲为了我们的学费、生活费不懈劳作。父亲就像战场中的一名士兵,最普通,但伟大!

父亲在我心中微微作怪,我感到心的酸痛,感到心的窒息。不是因为我以前没有体会到父爱而感到内疚,也不是因为我以后没有出息而感到悲伤。而是因为,我的父亲将他爱的血液一点一点地滴进了我的血管,他刺激着我坚强而又柔弱的心房。我想静下波动的心,可是不能。父亲为了我生生死死,让我如何用文字写下?他的情让我不忍动笔。

当你看到一位年迈长者为女儿上上下下四五趟爬十几层高的楼房时,你会感到什么是父爱;当你看到头发花白的父亲拉着女儿找人求学时,你会知道什么是父亲。也只有你将父亲放在心间,哪怕只是一会儿,你也会明白,你的父亲是那么的可怜,为了儿女可以不惜放下尊严。

为人子女，不能体会父亲的伟大与辛酸，那是何等的悲哀。为人子女，我在父亲为我滴下珍放了半月的香油时，品味到父爱的醇香；我在父亲为我加入融化的细糖时，品尝到父爱的甘甜；我在父亲为我竭力蹬车时，深感到父爱的力量；我在父亲为我担负一包干粮时，体会到父爱的深沉。

我爱父亲，但我的爱远不及父亲爱我的万分之一。看着他深刻的皱纹，我不敢抬头看他皱眉；看到那如霜的头发，我不敢睁眼细想他的年龄；望着他被生活压弯的脊梁，我不敢看他弯身；还有那干枯消瘦的身体，我不敢转扶。

什么是父亲，父亲是每个人心中的一个古老的故事。他悠久而又遥远，他临身而又不可及。

你是我的幸福

奕　名

您说:“孩子,你是我的骄傲。”我说:“母亲,您是我的幸福。”

好久没有提笔写一写母亲,并非将您的爱您的情遗忘,只恐我拙劣的文笔,写不尽你那似海深情,只怪我空有十几载诗书饱读,竟难觅一番辞藻而歌颂您,我挚爱的母亲。

我想说,这些年,您真的承受了太多,多到超出了您的负荷,不经意间一次对望,发现您又苍老了许多,昨天还是娇美的容颜,今日便新增了岁月的刻痕,染了又染的青丝已遮不住耀目的白发。可是,您才刚迈不惑,您还只是四十岁的人啊!是谁过早地偷走了您的年轻您的韶华,留给我一份心痛一份苦涩?

时光一夜之间仿佛跨越了十年,留下与年龄完全不符的容颜,我无法想象是怎样的信念支撑您度过那难熬的日日夜夜,您把生活的艰辛、困难和着泪水咽进肚里,为了孩子和家庭扛下了一切困厄,而我生活在您用血汗造就的天堂,却无知地挥霍着这来之不易的幸福。

还记得高考完的暑假,我只是一门心思地在外面玩耍,您也许只是希望儿子可以在家好好吃顿饭吧,您也许只是无意,或者说是小心地说了一句:“注意安全,回家吃饭。”却得到了我毫不客气地回答:“知道了,怎么这么烦啊。”我分明是感到您愣了一下,有些话想要说出口,却又生生地咽了回去。我看到您的眼神更多的是无奈吧,孩子长大了,自己已经无法操控的无奈。说实话,我后悔了,我真的想说一句“对不起!”可是碍于情面这句话始终没说出口。

我依然回家很晚,可是客厅的灯总是默默地亮着,默默地等着。母亲还没睡啊,她也许是在用她的行动证明我的无情吧。可是我错了,母亲只是淡然地说了一句:“这么晚才回来啊,把牛奶喝了快睡觉吧。”说罢便释然地回屋去了,独留我捧着尚热的牛奶在客厅呆愣着。母亲就这样等着啊,一直等着啊,等着一个常常让她伤心的人平安回家。不需要什么理由,只要平安回家就好吧。也许她就这样不安地一遍又遍地加热，直到孩子平安回家，这杯热牛奶分明是靠母爱在维持着温度啊。

六七月的天是燥热的，而人的心也是不安的。下分数、填志愿、等通知，一切似乎顺理成章，不知不觉中一晃便要开学了。离开学还有一段日子，比我这个从没离开过家的人更加不安的应该就是您了吧。您帮我准备着一切，嘱咐着一切，总觉得我还是一个幼儿园的小孩子。而我也乐得清闲，肆意地享受着这一切。开学那天，您和父亲把我送到离别的车站，当您亲手把行李箱送到我手里的那一刻，我承认我有点不舍，却还装作满不在乎地开着玩笑。进站了，我想和您说句道别的话，到嘴边却又被我生硬地咽下，走过检票口，我忍不住回望了一眼，目光触及您爱怜的微笑，泪水便止不住地决堤。母亲请不要怪我的无情，不是我不想多看几眼，我只是不想让您看到我的泪眼。母亲我错了，是我太不懂事，我知道您早已原谅了我无知的顶撞，只是我愧疚而不敢抬头看您充满温情的眸，我恨自己迷茫的双眼看不到您的辛酸与苦楚和您那深深的爱怜，母亲，我分明是错了。

如今，您的额已染遍岁月的霜，您的颊已布满岁月的痕，我怎能体味您一路走来的艰辛，又如何明白您容颜辞镜的悲哀。不近人情的岁月匆匆而逝，我该怎样伸手挽留，为您留住这一刻，容我长久端详？

母亲啊，我愿成为您生生世世的骄傲，只因您是我永生永世的幸福！

一米阳光

赵春梅

一个土生土长的农村姑娘,从出生到高中毕业始终没有离开过那片相对落后但令人感到无比温暖踏实的黄土地。或许是源于对乡村持久的习惯和依赖感,我对城市在很长时间内不能产生亲近感。

怀着一份对未来的懵懂到城市上大学。当提着沉重的行李下火车看到的是大批陌生的人群和车辆在城市黑硬的柏油马路上穿梭流动时,当听着汽车喧闹嘈杂的鸣笛声的时候,我对被人们称为“最美泉城”的地方没有多少激动,更多的是惶恐。

挤公交的时候,沉重的行李累得我喘不过气来,投硬币的时候,却发现口袋里没有比十元更小的零钱。随着车子轻微晃动内心却密密麻麻地滋生出极其强烈的无助感,心里烦躁无比。车子已经缓缓开动,我仍然不死心地检查着所有的口袋,期待能找到一个硬币,我以为所有人都在用异样的、鄙视的或者冷漠的眼神看着我,这个为一块钱而窘迫纠结着的乡下姑娘;我以为城市衣着光鲜亮丽的男男女女只有自私和矫情,缺少善良和真诚;我以为城市只有坚硬的内核和冷漠的气息,缺少柔和与真情。然而我所有的狭隘的想象,就在车上一位大姐把一枚硬币塞到我手里的那一瞬间破碎。泪水在眼眶里晃动,那些我以为的,真的只是我以为而已。

一路上,那位大姐给我介绍车窗外美丽的济南,路过的每一处风景,似乎在一瞬间变得生动而富有美感。她说泉城广场的音乐喷泉在夜晚的时候会被灯光照出美丽的颜色;从索菲特的旋转餐厅可以看到窗外最美的济南全景;回民小区的烧烤最好配几杯清凉的扎啤;芙蓉街各色的小吃,一直是青年男女的最爱;夜晚的趵突泉,总能听到几曲悠扬的古琴曲;洪家楼大教堂,总会有人牵着手默许一个关于未来的愿望……一米阳光透过车窗映照着那位大姐的脸庞,她水一样干净明亮的眼神，笑容温暖明媚。

时至今日，已经走过济南很多风景名胜，拍过大街小巷，我开始喜欢这座美丽的城市。而我对这座城市保持欣赏和感觉亲切的最主要原因，还是因为我看到了那一米阳光照射的地方。

岁 月

张燕琴

每次离家上学,最后一顿饭总少不了饺子。跟奶奶一起包饺子,这次一改往常,奶奶擀皮,我包。奶奶真是老了,还记着我小时候,她那双巧手能做出好多好吃的东西。奶奶自己也说,我小时候天天趴在厨房桌子上要好吃的,她就变着法儿给我做。这一转眼,二十年了。一回忆,又把我拉到了属于老一辈的那个年代。我静静地听着,努力地进入她的世界。

1937年,奶奶出生。这一年,莽莽神州,风雨飘摇,中国人民陷入了水深火热之中。奶奶的童年时光是在枪弹声中度过的。在她的记忆里,那是一个隆隆作响的飞机甚至可以在屋檐下飘过的时代!她回忆说,那时候百姓家里都养牲口,村里不知道谁家的母猪生了小猪崽子,被那日本鬼子撞见,硬生生地给抱走了,去村西边的河岸上架起架子烤熟了吃,一边吃还一边赞比鸡好吃!中国老百姓就这样在日军抢掠下艰难地生活。经过十四年抗战,终于,1945年日军投降。

三年内战,国共两党从南打到北从北打到南,老百姓也跟着东跑西跑,生怕哪个枪子儿落到自家身上!奶奶说,她家那时候住过两个国民党军官,那一大家子人,两个炕还得让出一个给他们,家里养的鸡呀、鸭呀都被他们宰了吃,临走还不忘牵上奶奶家的那头猪。那时候我五舅老爷还是小孩,人小胆大,非跟人家后边要猪钱。我三爷爷是当年国民党抓壮丁充军时进了国民党军队,后来跟着蒋介石去了台湾,如今头发花白,哪儿还走得动,老了老了,一辈子没回个家。奶奶说这些的时候眼里是含着泪的。她总说,老了老了,记性再不好,也忘不了那些年的苦日子。

老一辈人,经历了抗日战争、解放战争、新中国成立、改革开放。老百姓的日子渐渐变好,原来的一块钱、两块钱那么稀罕,如今的年轻人都没看在眼里。这是我爷爷常说的话。

故事听到这儿,饺子也包好了。如今,盛世下的我们,有时还会忘记如今这太平盛世的来之不易。其实,我们并不应该只顾着埋头前进,偶尔也可以停下脚步,看看前人和自己走过的路。看看斗转星移,嗅一下历史的气息。

到今年,我奶奶77岁,我爷爷80岁,岁月在他们的脸上留下了深深浅浅的痕迹。风风雨雨已经过去,只希望二老能多多享受太平盛世带来的幸福生活。

娇 塘

朱时珍

色香空尽转生香,明月小银塘。

乍一听得秋风微起,不知道为什么,一种失落油然而生,或许是离家的落寞吧,总感觉心底缺少了些什么。不经意间,走过这条黄叶点缀的小道,回首望去,这一刻真美,不禁让我忆起了童年的娇塘。

盛夏时节的初晨,阳光未及洒落,露珠的浑圆也还未消散,这一颗颗凌晨的眼泪就这样晶莹在荷叶掌中。我不知道为什么,那天的清晨我会醒得那么早,早到城中的一切都还未从睡梦中苏醒过来。搬来座椅,笨拙地爬了上去,两只小手慢慢地搭在了微微敞开的后窗上,望向屋后的娇塘。或许那是第一次,没有玩性地去欣赏娇塘的美吧。

夏日的晨风总是比晚风来的轻柔,涟漪在娇塘中回旋,似乎希望摇醒怀中娇美的荷花。这一点,晨风好像读懂了我的心思,因为我迫切地希望早点看到荷花,一瓣一瓣地张开,露出最令人心动的笑脸。那又会是怎样的一种享受呢?

尔后,东方的天空被阳光点燃了,云朵泛着光亮,荷花的根茎也在日光的温度中舒展开来,显得更为挺拔了。此时的荷花还没有开放,青涩的花头低垂着看着脚下游过的鱼儿,三三两两的,一阵和谐。

阳光高撒,荷花越发的红润,让人忍不住心头滑过一丝动容。不像初夏时分,此时荷花的体态更显得丰满,极像是一位出落的娇嫩柔美的姑娘,韵味十足,惹人怜爱。

两只幽绿的大叶掌,温柔地与水面相接,不时地随着鱼儿翻动的水波前后地扭动着身体。娇塘中多的是这种绿的出水的荷叶掌,片片相连,叶叶相接,风轻微一吹,就能牵动起整个娇塘的悸动。

阳光渐渐地挥洒过来,室内的温度也高了起来,但是看着娇塘的盛夏总能让人忘记躁动的心情。

荷花瓣是紧抱的，即便如此，也无法抑制住荷花香的飘散，飞跃笼罩整个娇塘，敲打开我的鼻腔。幽静的娇塘中，荷花的清香似乎被露珠所浸润，淡雅中夹杂着甜腻。而这份甜腻似乎恰到好处，让人挑不出过错，更是让我产生了幻听，好像都在欢笑。

那时的我还很小，像大多数孩子一样，对甜味有着莫名地渴求，可是母亲总会煮一种荷叶粥。闻着是清香的，但吃起来却是苦涩的。

荷花是香甜的，荷叶却是苦涩的，倒也有点意思，就好像是人生，黎明之前总是黑夜，灿烂之前总是低迷。不得不说，荷花像极了一位诗人——纳兰容若，清丽婉约、哀感顽艳、格高韵远。

神思片刻，日头当空，荷花有了绽放的势头。眼睛聚焦在娇塘中一枝独立的白荷，那是最令我心动的一朵。那时的我不懂，但现在想来，松散的花瓣，却有点琵琶女“千呼万唤始出来，犹抱琵琶半遮面”的感觉。微张开处，白色下隐藏了星星点点的鹅黄，在阳光的映衬下，金灿晃眼。

时间静止在这一刻，我也不敢再发出声音了，只是静静地、远远地看着，期待着荷花仙子的出现。不一会儿，荷花瓣总算是松开了怀抱，一点一点地张开，缓慢地像是电影被设置了慢进。让我这颗本就不安定的心，显得有些急切了。现在想来，毛躁的小孩确实有点好笑，有点可爱。在我见证下，白荷在娇塘的中央将自己完美地呈现开。

整个娇塘的荷花好像组成了一朵大大的荷花，白嫩的花心，粉嫩的花瓣，幽绿的叶掌，不禁让我的回忆有种“便引诗情到碧霄”的滋味，“陆上百花竞芬芳，碧水潭泮默默香。”

回忆过后，看着这一地的落叶，虽然冷风吹得让我有些轻颤，但心中盛夏时节娇塘中的荷花却在欢笑。

一种蔓延开来的美，无法言喻。

我眼中的屈原

王松杨

我的家乡在中华民族始祖炎帝的故里——湖北。春秋战国时期的楚国在长达八百多年的历史中,在此创造了楚文化。而楚文化的代表人物,就是屈原。

我眼中的屈原,是一位忠言直谏的诗人,写出了《离骚》《九歌》《天问》这样风华绝代的美妙诗篇。而别有一番韵味的《离骚》更是被推到了中国诗歌史上至高无上地位。

屈原的忠心与直言不讳深深地刻在了《离骚》里,所以它才能流传下来。它所描写的,是勇于同黑暗势力做斗争的精神,是一种追求光明、追求真理、对美好事物向往的积极形象,是一种刚毅不屈的强烈的爱国主义形象。即使众人皆醉我独醒,也要继续战斗下去;即使他的周围都是随波逐流、黑白颠倒、善恶不辨,他仍会坚信正义和真理的存在;即使他受到了排挤与迫害离开了政治舞台,却依然心系祖国。或许他可以另谋高就,但他却摒弃一切远游的想法,展示了他那强烈的爱国情怀。

屈原的投江,在我看来,更是一种爱国精神的强烈升华。《离骚》的开篇他就自豪地说出了他的身世:他是楚国的贵族,与楚王同姓。我认为屈原对于楚王与楚国的关系,不仅仅是一种君臣对国家的忠心,更是一种血浓于水难以割舍的亲情!所以他需要以死明志!宁为玉碎,不为瓦全!当敌人的千军万马侵入祖国大地的时候,当敌人随意践踏自己心爱的祖国大地的时候,当众人皆醉我独醒、世界浑浊、没有一个人能够理解的时候,恐怕只有死亡才能恪尽自己的忠诚。

“长太息以掩涕兮,哀民生之多艰”,是屈原深深地忧患意识和强烈的爱国主义精神。“亦余心之所善兮,虽九死其犹未悔”,是屈原坚持真理,献身理想的勇敢。“宁溘死以流亡兮,余不忍为此态也”,是屈原疾恶如仇,不同流合污的态度。“民生各有所乐兮,余独好修以为常”,是屈原洁身自好,刚毅不屈的执着。“伏清白以死直兮，固前圣之所厚”，是屈原永远刚正不阿，一身正气的凛然。“路漫漫其修远兮，吾将上下而求索”，是屈原忧国忧民，心系天下的忠心。

或许在写下《离骚》的那一天，屈原就已经同死神见过面了。明知忠言直谏会灾祸缠身，他依然肝胆相照，以至粉身碎骨。

夏日时光机

吕希杨

夏天来了,又到了树荫底下好乘凉的日子了。人们在公园里,凉亭下,长椅上拉起家常了。

我去过很多地方,也感受过很多地方的夏天。在人生最初的那段时光里,印刻在记忆里的是黑龙江的夏天。那个叫作北安的小城,有着极高的纬度和很低的太阳高度角,加上清澈透明的空气,让这座城市时常一半洒落阴凉,一半又沐浴阳光。时常在前一秒,肌肤还被炙热的太阳烤得发烫,转瞬间,太阳就躲到云里去了,不知从哪儿来的风也吹得人感到丝丝的凉意。过不了多久,太阳又似捉弄人一样出来了,依然是烤得皮肤发烫。如此反复,算下来还是凉风吹在身上感觉好些,高气温配上冷风,就好像开着空调盖被子一样舒服。东北的天气是六月天、娃娃脸,中午还是晴空万里湛蓝的天,到了下午,就在一瞬间,天空变得昏暗,灰里带黑的样子,像是世界大战即将来临。天阴着阴着,火候够了,几道闪电,几声响雷,雨点就急不可耐地扑向大地。雨来去匆匆,像极了北方人的性格。雨后的大地散发着黑土地独有的清香。夕阳西斜,火烧云染红了西边的天空。在山的那边,在夕阳的照耀下,混合着火红色和翠绿色,原本青色的树木变成了浓重的墨绿色,仿佛油画一般。东北家乡的树很多,连绵的山也不少,葱郁的树长在起伏的山上,微风徐来,远远望去,像是有人扯着一块巨大的绿色毯子在抖动。闲暇时,去有水的地方游玩,更是令人回味无穷。小时候,水库离家不远,水天一色的地方,怕是一个不小心掉进去会染了一身蓝色。可以在岸边摸田螺,田螺个头很大,肉却很少,即便这样,带回去烹调也是一道美味的菜。

就这样,我在世外桃源一样的故乡过完了五个夏天。六岁那年冬天,踏上南下的火车,我随母亲去了江苏无锡,在那里,我一停留,又是七年。

都说江南烟雨蒙蒙,连人都和景一样玉软花柔,但人们却忽略了南方人骨子里那种刚烈和倔强。

到了无锡，多了的，是拔地而起的高楼，少了的，是故乡葱郁的树；多了的是整天黏在身上的太阳光，少了的，是故乡偶尔吹来的阵阵风凉。

那可能是人生中最无忧无虑的时光吧，还在上小学的我纵使偶尔会担心因为考试成绩不好而挨打，但和长大了之后的烦恼相比，挨打简直是毛毛雨。梅雨细，晓风微，倚楼人听欲沾衣。六月绵长而又潮湿的梅雨季节过后，迎来的是万木葱茏的盛夏。漫长的暑假，我会和一个小男孩去家后面的小河边玩。南方河网密布，黄鳝小蛇也很多，男孩似乎能看出我的胆怯，他会对我说："我保护你。"虽然仅是一个十岁的少年，却把"我保护你"说得那么真挚。南方的土质黏重，去田间地头走一遭弄得满鞋泥，回去又会挨骂。最喜欢的是突然变化的天气，天空从万里无云一下变成了阴云密布，这倒是和故乡有几分相似。突然暗下来的天，让正在上课的我们很是开心。童年时独有的恶作剧心理让我们一边偷笑一边看着干着急却无可奈何的老师。过了十分钟，天渐渐地恢复了原有的样子，我们这群小学生又百无聊赖地翻起了书本。华灯初上，夜色微凉，人们忙完了一天，搬出来一张竹椅，拿一把蒲扇，说着我至今也听不懂的吴侬软语。这或许是忙碌的城市一天中最悠闲的时刻了吧。

兜兜转转十二年的岁月过去，江南的柔软褪去了一些我本有的豪爽，多了几分温柔和细心。因为工作原因，父母又把我带去了山东菏泽的单县，在这里，我度过了如梦的青春。这里的夏天很普通。像所有人印象中一样，树上的蝉鸣叫了一整个夏天，有晴也有雨，最规规矩矩的天气，造就了这里最老实纯朴的人。

2016 年高考结束，我去了廊坊姥姥家。廊坊地处京津要道，人们的口音也夹杂着北京和天津话。"这桃儿倍儿棒，您要回去吃着不甜回来找我换，不甜不要钱嘞。"这里的人们说话吞音和儿话很重，这让那时候的我听了很不舒服。

"我买的葡萄，快出来吃。"

"我买的香瓜，可甜了。"

"我出去买菜，你吃啥我给你带回来。"

这是姥姥的声音，那时候，高考的失败给了我很大打击，姥姥没文化，她不知该怎么安慰我，只好买些我爱吃的东西让我开心一些，而我每次都不耐烦地忽略姥姥的关心。那时餐桌上的菜只要是我多吃一口的，它会出现好几天。那时候自私的我以为一个好大学比亲人还重要，当南风过尽，荷叶风干，过完了一整个夏天，我终于明白，哪里有什么成功与失败，一切不过是我在自己杜撰出来的剧本里饰演了一个悲伤的角色,期限为两个月,真正的人生才刚刚开始,我却浪费了这一个本应该欢声笑语的夏天。

走过了二十年的夏天,我希望夏日的时光机可以帮我重拾遗失的美好,让我重回简单而纯粹的那些年。

偶园古街

王　琳

我对偶园古街的深情,因为爷爷而变得更加深刻。

偶园古街位于我的故乡潍坊青州,它因偶园而得名。而偶园,是清朝康熙年间文华殿大学士冯溥的私家花园,系清康熙初年所建,因为冯溥在京城为官时住在万柳园,所以他就将皇帝赐给他在青州的宅第称为"偶园",取无独有偶之意。当然,偶园现在依然保留着那抹历史的记忆屹立于我的故乡。只是让我更想描绘的,还是偶园所在的那条幽深静谧的古街。

偶园古街,那是我成长的地方,从呱呱坠地到成长为一位亭亭少女,古街留给我的回忆实在太多太多。零零星星碎片式的记忆都刻满了古街的影子,无论它现在变成了什么模样,最让我赞叹并难以忘怀的始终都是它最初的样子。而爷爷,自然是古街里的主角。从小我就知道,爷爷是个神奇的人。因为爷爷会猜谜语,还会跳皮筋。有些记忆因为岁月变迁而变得支离破碎,但有些却是根深蒂固地存在于内心深处,我至今犹记得爷爷教我的谜语,"二小二小头上长草,是'蒜'字;一个人,本姓王,腰里夹着两块糖,是'金'字。"因为爷爷,那时还没上学的我就已经学会了近百个字,而且知道了许多有趣的民间文化。古街有两颗大树,不偏不倚地长在了我们院子的门口两侧。上学以后,爷爷每天都会提前挂好皮筋等着我,同学让我去她家玩,可我每次都会斩钉截铁地拒绝说:"不了,我要回家找我爷爷。"

那时的古街,还是一副古朴破旧的模样。它就像一位深沉的老人,坑洼的地面是他的皱纹,街旁的杂草是他凌乱的胡须。房屋鳞次栉比,白色的墙、黑色的瓦,古色古香,在晚霞映衬下的古街,更别有一番风味了。这让我想起了《乌衣巷》中的那句"朱雀桥边野草花,乌衣巷口夕阳斜"。青灰色的炊烟掺杂着米香从窗口缓缓冒出,饥饿的我总会深深地咽一下唾沫,加快步伐飞奔回家。那时,枝丫弯曲伸展的老槐树下每天都会有一个挺拔傲岸的身影,那正是爷爷。因为爷爷总会穿一身黑色便衣,即使在嘈杂的人群中,我也能一眼认出他。

其实后来我才知道,原来爷爷是个比我想象中还要厉害的人。爷爷会拉二胡,写毛笔字,画马画竹,而且他还是个象棋高手。如此琴棋书画样样精通的人,在古街并不多见,这使得爷爷成为古街小有名气的人。时常有人请他去参加二胡演出,或是请他写对联、字幅,但爷爷从不收钱,因为他认为别人请他是赏识他,他为别人付出的同时也乐在其中。

爷爷去世的时候,古街静极了。我可以听到人们微微的呼吸声和抽泣声。“人去水长流,断壁犹存乱草丘,记得屋前红石路,傍沟,几度风花影不留。”站在路上,看古街人来人往,那些从旁穿梭而过的身影,是那样匆忙,只是在茫茫人海再也寻不见爷爷。

爷爷走后,古街发生了翻天覆地的变化。所有的房屋拆掉翻新,它彻底地变成了一条仿古街。自此古街霓虹灯林立,各路小摊小贩也来占点抢位。我可以听到看到闻到,古街的的确确地变了。

现在我很少再去偶园古街了,如果要去,也一定是在晚上,而且是夜深人静的时候。只有那个时候的古街,才有几分它以前的模样,只有那个时候,才能看到些许模糊的爷爷的身影。

由收到妈妈的短信说起

王　洁

晚上,收到妈妈的短信,还是那么俗套的几句,“吃饭了没？这几天降温,多穿衣服。学习累,吃好点……”知道妈妈的心思,电话拨过去,果然高兴。

不得不佩服妈妈的超强记忆和逻辑能力,姑姨舅嫂、大大小小的琐碎事儿说得有条有理,有血有肉。和以往一样,和妈妈的通话以手机没电而告终。妈妈是个节俭的人,但在每月话费暴涨这个问题上,妈妈从不心疼。我知道,妈妈想我,也是怕我想家。

妈妈是个地地道道的农村妇女,人近半百,唯一一次出远门还是结婚时的蜜月之旅。所以,妈妈每次说起外地,还是西湖畔和岳王墓。妈妈也幻想,某天她的儿女有所成就,接她去城里生活,她也学城里的老太太,天天带着孙子逛公园。为此,我和弟弟经常立誓,要让妈妈实现天天逛公园的伟大梦想。所以,妈妈总是幸福地憧憬着她梦想的城里生活。

在家里,爸经常用他带着浓厚乡音的中式英语跟我和弟对话,妈妈听不懂,更拒绝参与。妈妈初中毕业,没文化的事实经常受到冷嘲热讽。虽然她每次都用当了九年班长的经历试图来掩饰,但还是会被爸拆穿:因为妈妈上学晚,一直是班里最大的那个,所以……事实面前,妈妈也只好作罢。当然,妈妈也有自己的制敌招数,“那今晚就让有文化的人做饭吧.....”一句轻言薄语立刻奏效,以爸为首的小分队集体上阵,好言悦之。其实,每次提起这个,姥爷总是充满亏欠。妈妈是家中老二,上有兄长,下有幼妹。困难时期,全家的关注焦点都放在温饱问题上,妈妈上学的事一拖再拖,10 岁那年才得以背上书包,踏入学堂。起早做饭,晚上干活,到半夜才得以看书写作业,上课经常困到睡着……

妈妈特能睡觉,一着枕头就能睡过去,这也导致四十多年来,妈妈几乎没看过一部完整的电视剧。其实,妈妈不是懒,是累。记得某天,弟突如其来的那句“咱妈妈做了全世界的活”,毫不夸张地道出了真理。妈妈虽然学历低,但头脑灵活,手也巧。刚下学的时候跟风学了服装剪裁,便再没有放下过这项伟大的事业。从带着一台缝纫机嫁进奶奶家的那天起,妈妈就包揽了全家上下所有人的针线活,大人小孩,衣裤鞋袜,缝缝补补,织织剪剪二十几年。我的第一件棉袄、第一个书包都是出自妈妈的巧手。开始的时候,妈妈买了几本书照着做,到后来进行自我创作,随着年龄的增长,手艺也不断进步,随之而来的服务范围也逐渐扩大。妈妈是个热心的人,家人亲戚、左邻右舍、同事朋友,凡来求助者,从不拒绝, 大大小小的活儿占用了妈妈所有的空闲时间。

妈妈也会偶尔时髦,把她本来不多的几根头发烫成流行的大波浪。在穿衣打扮上,妈妈一直相信自己具有超出一般农村妇女的品位。对我这个 20 好几的大姑娘还整天运动服、休闲装的打扮,妈妈总是无可奈何。妈妈说,她年轻的时候想穿得漂亮些,但是家里经济困难没条件,现在条件允许了,自己却也老了。所以,妈妈喜欢给我买花花绿绿的裙子,妈妈想要一个打扮得花枝招展的闺女。怎奈闺女实在接受不了妈妈的安排,把妈妈买的衣服藏在箱底,依然运动加休闲,做那个永远低着头走在人群后边不被人注意的女学生。妈妈又说道:“身高容貌改变不了,那就得穿得鲜亮,抬头挺胸走在别人前面,让人看到你向上的精气神。”妈妈偶尔讲出的话还真的富有哲理呢。

唠叨是每个妈妈的天性。当然,我妈妈也不例外。在妈妈那里,好像所有的愁苦都会在说出之后烟消云散。我总说:“没有什么大不了,没有什么过不去的。”看来妈妈的乐观和耿直也的确严重影响到了她闺女。最近几年,家中老人的相继病重剥夺了妈妈的笑容。某天,一向坚强的妈妈在电话那头难掩疲惫,哽咽出声。一次回家,猛然发现,妈妈老了许多,后知后觉,年近半百的妈妈已不再年轻。我突然害怕,怕妈妈老,怕妈妈病。会在电话这头告诉妈妈注意身体,不要太劳累。会拒绝同学的邀玩,短暂假期也不惜坐一天的火车赶回家。“人世间最不能等的莫过于孝敬父母。”因为我知道游玩的机会还有很多,但父母却不会在原地等你,“子欲养而亲不待”会成为一生的折磨与愧疚。

站在阳台,月色温柔,一如妈妈的怀抱。拿起手机,想说声“妈妈,我爱你!”但说出口的还是那句“妈妈,明天降温,注意身体。”我知道,妈妈懂。

追梦赤子心

丁万领

舞台上炫目的灯光,打亮的是舞者脸上实现梦想满足的笑;迎风张扬飞旋的纸鸢,放飞的是孩子追寻梦想的身影;宣纸上勾勒的水墨画,描绘的是画师心中坚定梦想的信念。在追寻梦想的旅途上,我们,前进着。

"梦想是注定孤独的旅行,路上少不了质疑和嘲笑。"也许你的梦想无人理解,也许你追梦的方式特立独行,但请相信,这是属于你自己专属的梦想。走在荒无人烟的沙漠,自己才是你唯一的依靠,其中的艰辛苦楚、幸福满足只有你自己才能真正明白。

"向前跑,迎着冷眼和嘲笑,生命的广阔不历经磨难怎能感到。"不要抱怨你的追梦路上有九九八十一难,这是上苍赐予你的磨炼,你学到的应该是感恩、是执着、是坚守!"不经一番寒彻骨,怎得梅花扑鼻香?"你的梦想是座积木搭建的城堡,也许会倒塌九十九次,但不要气馁,这是一段过程,当你第一百次成功了之后,你会感谢前九十九次没有放弃的自己。追寻梦想的路上处处有荆棘,哪怕遍体鳞伤,也要带着伤口微笑着一步一步前进,只有相信自己的赤子心,追梦才变得有意义。

"放肆去闯,放肆是我的信仰;再不去闯,梦想永远只会是一个梦想。"拼搏是种态度,是对梦想的尊重,梦想行程需要你坚守信念,固步自封的人又有什么资格去谈论追梦呢?"闯"是梦想的代名词,人生短短数十载,只有秉承自己的梦想,为之付出、为之奋斗,才不枉走这一生!搏击苍穹的猎鹰少不了翅膀,实现梦想的过程中少不了拼搏奋斗。追寻梦想,是年轻人心中最美好的事,那不曾磨灭的梦想如钻石般在心房熠熠发光。

还记得你最初的梦想吗?坚守信念踏上追寻它的征程吧,让你的人生因追梦而绽放荣光!

红高粱情思

张皓琦

这一片沃土,风姿绰约的红高粱早已热闹成一片,高粱酒也早已发酵千年,高粱酒的醇香,在高密土地上弥漫。

一场秋雨,淅淅沥沥地下了一天,整个视野所能触及的一切都变得崭新崭新的,空气里氤氲着一股湿气。花花绿绿的雨伞下,形形色色的人,漫步雨中的我层层叠叠的记忆涌上心头。

高低错落的红顶瓦房,沟沟壑壑的土石路,一声声憨实老牛的低声吼叫,走过一趟,雪白的板鞋蒙上了一层细密的灰,于是各种的烦躁与压抑充斥着,我郁闷极了。

拖拉机轰鸣着从身边呼啸而过扬起一阵黄沙,拖拉机上的大叔旁若无人地抽着大旱烟,远望着,憨笑着,和我热情地打着招呼:“回家了,回家好啊,好几年没回来了吧!”

是啊,很久没回老家看看了。红砖木窗是家啊！路虽是土石铺就的,可是宽阔呀;河虽然比较浅,可是清澈呀！我静静地看着家乡的风貌,看着在风中微微点头的红高粱,眼眸一下子清凉起来,“我喜欢这个安宁自由的地方。”

于是,我不再怀疑莫言笔下那个叫作“家乡”的地方为什么那么值得留恋。家乡见证了一个孩子成长的足迹,它的一草一木都诉说着家乡的情愫,尽管阔别已有五六年的时间,依旧张开双臂用温暖厚实的胸膛拥抱回家的游子。

艾青曾说:“为什么我的眼里常含泪水,因为我对这土地爱得深沉。”掬一抔泥土,嗅出庄稼竞相生长的味道,苦中夹带着酸甜,苦是家人劳作时滴下的汗,甜是收获时纯真的喜悦。

仿佛看见了家乡人那一张张红而发黑、如红高粱般的面庞,那质朴的笑容和厚实的胸膛改变了家乡的容貌,温暖了渐寒的冬天。

雨还在下着,如同孩子的思绪般绵延。多情的高粱地呦,你是游子们时时惦念的心灵圣土。当游子将深深浅浅的脚印印在家乡的路上,热血已沸腾,归家的心便安定了。

走进乡村戏台　感悟传统文化魅力

王鸣鑫

总有那么一段经历让我们难以忘怀，总有一份力量促使我们前行。

——题记

离开西当峪已有两个月之久，然而它那绿浪般的麦田、湛蓝的天空与红瓦绿树交相辉映的画面，时常浮现在我的脑海。更让我难以忘记的是那晚老艺人们昆山玉碎般不绝如缕的唱腔和年复一年他们不离不弃紧紧守护的已走过百年历史的乡村莱芜梆子。

暑期，我们"三下乡"实践团队赴莱芜探寻非物质文化遗产"莱芜梆子"。依稀记得，我们在为乡村老艺人们搭台唱戏的那天下午，忽然惊天一声闷雷，天空下起了雨，混着蛋黄大小的冰雹噼噼啪啪地砸在陈旧的塑料顶棚上，不一会儿，塑料顶棚上就积满了雨水，舞台前的土路也因这突如其来的山雨，变成了泥窝。舞台上年代久远的支架在风雨交加中显得摇摇欲坠，大雨、冰雹一次又一次地侵袭着这原本就脆弱的顶棚。即便条件如此简陋，老艺人们依然几十年如一日守护着乡村舞台梦，令人无限感慨。

风雨后傍晚的戏台前，天空格外透明，草尖上小水珠在细风中摇曳。西当峪的夜晚，戏台的灯光分外绚烂。演出还没有正式开始，舞台前就布满了人。演出正式开始了，舞台上，李萍老师悠扬婉转的唱腔将我们带入悠远的古代；郑维水老师掷地有声的台步，让我们忘记了他已是一位年近八旬的老人。饱满的唱腔，圆润的嗓音，不知怎的，让我想起了演出前一天老人家为我们讲述的当年他身穿单衣在三九寒天苦练架子和唱腔的故事。日复一日，年复一年，虽然时隔半个世纪的风雨沧桑，当年戏台上年轻的小生已是苍苍白发，老人家当年登台用的折扇已泛黄，但老人家舞台上的雄姿英发、唱腔的昆山玉碎，让我们依然可以看到在那一夜夜的苦练中，老人家对乡村戏的执着和坚守。

老艺人们台前幕后的故事让我们肃然起敬。为了晚上的演出,他们的脸上、身上浸满了汗水,却依然坚持用水粉画脸谱,用红油上眼角。汗水一次又一次地冲刷着脸上的水彩,老艺人们执着地一笔笔勾描。我的心湿湿的,想着,在这个人心浮动的时代,能有多少人理解老艺人们对古老而又历经沧桑的乡村戏的坚持和驻守,虽经历了时代的变迁,却依然不改痴情。就像舞台上他们舞动着的那抹最鲜艳的中国红,以它最鲜亮的颜色鼓励后人为传统文化的传承竭尽全力,无怨无悔。

青春山体

我和我的山东体院

罗仁苹

在我心间，总有一缕阳光洒射。她从不退却，也从不消失，她宛若一杯茉莉花茶，总有一份清香，虽是淡淡的，却是永存的。

——题记

如果说人生是一本书，那么大学便是书中最美丽的一页；如果说人生是一部剧，那么大学便是剧中最精彩的一幕；如果说人生是一次长途旅行，那么身为大学生的我，在山东体育学院经历了一段精彩的人生。

三年前的夏天，大家都忙着填报各自的志愿，一心想学医学的我却遭遇了滑档，我很担心，也很迷茫，不知道自己能不能迈进大学的课堂。终于，征集志愿，我被山东体育学院录取。我很感谢体院，那种感谢没人能够形容，也没人能够体会。体院就像是母亲，把我拥入怀中。

三年前的夏天，我脱下高中校服，换上一身休闲装，背着行囊，踏上了去往体院的方向。一路上心里既激动又彷徨，激动是因为我即将开始我的大学生活；彷徨是因为，作为非体育生的我，不知能否融入这个大家庭。

踏进体院的大门，迎接我的是体院的宏伟磅礴。放眼望去：高楼俨然，鳞次栉比；一草一木，生机盎然；同学朋友，活力四射。在这泉城济南，大明湖畔，带着对未来的无限憧憬，在那个丹桂飘香的季节里，开始了我的漫漫求学路。

进入体院，是一种偶然，其实又是一种必然！因为缘让我们相会，让我们心心相印，分享彼此的每一份快乐，分担彼此的每一份忧伤，既然有缘，那么我们在九月的阳光下相会就是一种必然！

是体院，让我了解了学生会的台前幕后；是体院，让我融入了社团的滴滴点点；也是体院，让我走进了《山东体院报》大学生记者团，从一名干事，成长到一名部长。转眼之间，我们已经大三，看着大一大二的学生记者们略带天真和烂漫的眼神，自己很是羡慕。

体院还赐予我许多同学朋友。2017 年，我失去了我的父亲，家里没有事先告诉我，只是通知让我回家。我什么也没拿，以最快的速度赶回家，真相如同晴天霹雳般震懵了我，忍痛操持完父亲的丧事，暂时留在家里缓缓。我的舍友们瞒着我坐着绿皮火车，穿过七拐八绕的村中小路来到我家，给我送来了换洗的衣服、水果，还有贴心的润喉糖，看到他们的那一刻，我的眼泪再也绷不住了。是体院，给了我这样一个温暖的家！

体院给我的不仅仅是这些。每每说起体院，我都如数家珍。这里的一草一木都是那么的可爱。更重要的，是体育人的精神。它是一种不畏艰难、积极向上的人生态度，是信念与追求，是拼搏与进取，是一种永不放弃、永不气馁、永不低头的超越精神。正是这种精神，督促我们每个体院人都秉承着“严勤创实”“坚卓竞远”的校风校训，砥砺前行。

海不辞水，故能成其大。体院用她那宽广的胸怀接纳了我们，给予我们知识的养料，让我们不断茁壮成长，让我们在她的关怀下找到自己的人生方向，为自己的梦想打拼！六十年来，体院培育出了各行各业无数的人才，我们好想在体院六十岁生日到来之时说一声：谢谢您，是您让我们知道了什么是博大！

大学时光是短暂的，也许就是因为它的转瞬即逝，在山东体育学院我们走过了不能忘怀的青春岁月，让我们相信，在今后的路上，无论我们走得多远，飞得多高，山东体院永远是我们心灵的归宿。

一段故事一段歌，让我深深爱着这体院。

光明的驿站　诗意的安居

王晨儿

不知不觉，已来此三年。

依稀记得，第一次踏进校门时既陌生又向往的心情，第一次看到同学时既好奇又羞赧的神情，第一次与老师见面的忐忑不安，第一次与父母距离如此之远的失落……

刚入学的场景历历在目，而眨眼之间，三年已逝，我们不再是高中毕业略带青涩又假装成熟的孩子，想要挣开父母和老师的枷锁，却又被现实狠狠打败，灰头土脸地再回到父母老师庇护下。如今，经历了大学生活的锻炼，面对困境我们能独当一面，对待问题我们有自己的看法，对未来我们也有了自己的打算。

回首我的大学三年，没有轰轰烈烈的不平凡，有的只是平平淡淡脚踏实地学习、工作和一次次不断地成长。记得第一次进校门时，我便记住了“坚卓竞远”和“严勤创实”的校训校风，这句话陪伴着我度过了三年时间。每当我想放弃、想倦怠的时候，这八个字便一次又一次地激发起我的斗志，让我继续前行。“坚卓竞远”“严勤创实”不但陪伴着我的大学生活，更深深地烙印在我的心里，这将是我作为一个体院人的庄严誓词，更是我坚信一生的座右铭。

还记得入学军训时的恐惧，害怕自己坚持不下来，害怕自己承受不起军训的苦累，也害怕威严的教官。但当军训真正开始后，我才发现威严的教官也很可爱，训练时认真谨慎，但处处关心着我们，休息时主动和我们聊天，做游戏，带着我们拉歌，和我们讲部队里的趣事。站军姿、跑操、队列步伐练习，虽然累，但是我咬牙坚持了下来。那一年的中秋节，是我第一次不和家人一起过节，心里有些失落。到了晚上，教官主动带领我们去操场做游戏，一起过了一次特殊而快乐的中秋节。军训，让我变得坚韧，更加明白了集体的意义。

军训结束后，便开始了紧张的学习生活。刚开始，我还在担心会不会不适应大学的节奏。但是第一节课便打消了我的担心，和蔼可亲的老师用他风趣幽默的方式,让我很轻松地适应了新的学习内容,以最快的速度投入到了大学的学习中。不敢说自己的大学是如饥似渴地学习知识,但是至少在老师的教导和帮助下,我成长了很多,也学到了很多有用的东西,自己也变得更加充实。

大学的课余生活也渐渐丰富起来,我不仅加入了记者团,还参加了不少的比赛。写的随笔也开始在校报上刊载,并且获得了记者团优秀工作者、优秀记者的称号,这一切都让我为自己的进步而高兴。

当然,我记忆最多的还是在记者团的经历。我还记得,当初参加《山东体院报》大学生记者团面试时师哥师姐和老师们的笑靥。在此后的时间里,他们带领、帮助、指导我们完成了记者团大量的工作,可以说我的成长离不开他们的教导和帮助。通过一年的锻炼,记者团的大旗交到了我们的手里,当时的心情是自豪又忐忑,最终我们出色地完成了记者团的各类活动,这些锻炼也让我变得更加成熟稳健。记得大二那年,我担任记者团采编部部长,带领着大一的学弟学妹一起努力工作。我们采访了来学校参加 SCBA 全国体育院校篮球联赛各个队伍的教练和队员,也有幸采访到了央视主持人霍楠。我们还报道了学校各方面的改革。最让我自豪的是,带出了一批优秀的学弟学妹,他们现在也都成了记者团的生力军,记者团变得更加壮大。

山东体育学院,是我真正长大的地方,也是我人生中最精彩的地方。在校园里散步,回望走过的路,是散落的时光音符,这里面有为未来努力的汗水、桀骜不驯的张扬、纯净无私的善良……在体院的生活是努力的生活、奋斗的生活,将永远铭记于我的心中,激励我奋力前行。

值此山东体育学院六十年华诞之际,我衷心地向母校送出我最真挚的祝愿:祝愿山东体育学院争创一流,更加辉煌!

青春·四年

陈志超

春意渐暖，时光滑入2018年。于我而言，这注定是值得纪念的一年。2018年，我将大学毕业，离开四年日日夜夜陪伴我的大学校园；2018年，母校喜迎甲子，四海学子齐献祝福。

接到老师的约稿，心里激动又忐忑。激动的是，我可以为母校的诞辰献上一份深深的祝福；我也不禁忐忑起来，我在这里只待了四年，于母校六十年的历史而言，四年只不过是时光一瞥，我没有什么大的成就，也没能为母校争得什么荣光。但是，作为山东体育学院的学子，是我最大的骄傲。

回首2014年，高考后的酷夏伴随着志愿填报的不如意悄然过去，参加征集志愿后，我收到了来自山东体育学院英语专业的录取通知书。八月底，我怀着感激之情拉着行李箱第一次踏入了山体的大门，开启了属于我的大学时光。那时，我感激母校的收留之情，在我第一志愿被拒，即将无处可去之时，母校像一个母亲一样，张开怀抱将我拥入怀中。

大学伊始，我像每个刚入大学校园的学生一样，对大学充满了好奇，认为大学里就要自由自在。直到2015年元月3日，在济南洪楼广场，我意外捡到万元现金并交与警察。刹那间，我从路人甲走到了社会公众的面前，我的举动也在接受着大众的评判。是非对错，我需要面对从未有过的舆论压力。幸运的是，那时我的母校主动站了出来，将我护在身后。考虑到我的家庭情况，学校做出决定，减免我大学后三年学费并在全校范围内通报表扬，以此向社会发声支持我的做法。那段时间，学校的领导老师不仅一致支持我的做法，更是关心我的心理精神压力，时任党委副书记、纪委书记的张云龙语重心长地告诉我："无论别人说什么，你只要记住，你做的是对的，山体是你的后盾，我们都在支持你。"时隔近四年，我依旧清晰地记着这句话，"山体是你的后盾"，在我这四年里遇到挫折困难时，我的脑海中就会不由自主地浮现出这句话。山东体育学院对我有知遇之恩，我便有责任更好地完善自己，为自己，更为回报母校。

四年时光，我在山体，从一个从未出过县城的小姑娘，到可以站在几百人报告厅的舞台上应对自如，山体给予我的，是知识，是信念，是眼界，是胸怀……

四年里，从英语专业知识极度欠缺到最后一个学期每门课程成绩都在八十分以上，我在努力进取。四年里，我坚持自己的文字爱好，从记者团团员到部长、团长，我采访过教育大鳄俞敏洪，也采访过排球奥运冠军杨方旭及国家队教练安家杰；我参与报道过班级活动，也采访报道过全国体育院校篮球联赛。四年里，我积极参与志愿服务活动，“第十三届全国大学生攀岩锦标赛”“‘健康猫杯’全国体育院校乒乓球、网球锦标赛”等赛事都曾留下我忙碌的脚步，关注留守儿童、志愿献血等让我乐在其中。四年里，我勤工俭学，组建社团，坚持曾经的法律梦想……

今天接到导师的通知，马上开始论文答辩了，我内心有种紧迫感。时光在一点点流逝，距离毕业的日子已经不远了。回首四年，往事历历在目，我由衷地感激母校，感激母校的培育之恩。您用四年充实了我的青春，我愿用一生，去守护您的荣光。

我与山体共享那一份阳光

刘玉霖

我是山东体育学院2016级的学生，早已不是新生了。回想我与体院的这短短时光，仿佛踏入校园就在昨天，又仿佛经过了漫长的一个世纪。点点滴滴中，有我与你共享的那一份阳光。

带着懵懵懂懂，带着一丝丝憧憬，在太阳仍焦人、晚风已微凉的九月，拖着笨重的行李箱，我与山体初次相见了。

明明是不太大的校园，一开始还会因为那份陌生感而找不到方向，还会因为匆匆忙忙、慌慌张张跑错教学楼，跑错教室。现在已经摸清了公共浴室里哪一个水龙头出水量比较大，掐着点计算好了几点起床能够刚刚好赶得上出早操。从来没有经历过宿舍生活的我也有了与舍友不得不说的笑点，有了大学时光里养成的种种小习惯。

从山体的夏走过了爽朗的秋，迈过了厚重的冬，现在阳光微醺，春光刚好。最珍惜的是济南难得的好天气，像个情窦初开的毛头小子，总是盼着心底里那个长裙少女出现在图书馆相同的位置，对济南的白云蓝天也是有着些许的期待。想起夏末初入学军训时灼眼的阳光，烤过方队里圆滚滚的脸庞；想起金秋微凉的风吹落渐黄的叶，将阳光从吵闹的我们身上带到道路两旁；想起元冬济南难得下过的五次雪，暖黄色的路灯代替了阳光，点亮了每一片雪花；如今阳春三月春暖花开了，约上三五好友，我们骑上摩拜单车穿过济南市区的大道，我们游过了没有夏雨荷的大明湖，还有逛到吐的芙蓉街和宽厚里……

山体，我想与你相约下一个，下下个四季。

即使平时嫌你太小，但每当带错课本从宿舍重新冲回教室时，我便感念你宽阔得刚刚好。

即使嫌你每到饭点就拥挤地让人难易忍受，但每当上午第四节没课时，我便感念你提供了丰富的美食，让我可以挽着舍友的胳膊挨个窗口点评。

即使平时嫌你洗澡房有不少不合理之处,但每当洗完之后回到宿舍分享今天的抢占有多刺激时,我便感念你让我有这份小小的冒险。

即使平时嫌你让我每天清早不得不从床上爬起跑操早自习,但每当周末错过早餐时,我便感念每一个上午你让我肠胃不再空空如也。

即使平时嫌你的各种活动占用我的个人时间,但每当真的在宿舍百般无聊时,我便感念你让我的生活丰富多彩。

即使我现在才大二,但仿佛与你像个老朋友似的相处了很多年。我想将来毕业后,我会想念你的吧,想念在济南数不清的日日夜夜吧,再想起你时还是会微微笑着的吧。

我想我选择了你,注定我要与你共享生命中的那一段时光,那一份青春中最不能忘记的阳光。

审　视

赵桂洁

几天前,在校报的微信公众号上推送了一篇文章,收到了已经在报社工作的师哥的一句夸赞:“文章写得不错,以后可以向媒体方面发展。”媒体?做一个记者吗?我可以吗?一潭平静的湖水中,我不过是湖底一颗小小的石子,突然有人告诉我,你是一粒红莲的种子,或许有一天能走出湖底,开出耀世的花。我该高兴吗?不,我无法感受到内心的喜悦,却有种危机就在眼前的恐慌感。我,该重新审视自己了。

进入《山东体院报》大学生记者团一年了,我是否真正配得上记者这个称号?对我而言,记者究竟是什么?而我为什么要成为一个记者?都说初心最是珍贵,而我的初心太过于浅薄,不过是听了演讲后的一时头脑发热。后来更没有什么野心,就连加入的部门也是最轻松的秘书处,平时发发报纸,开会的时候找找教室,相对于采编部和影像部来说很是闲散。直到参加了今年的全国体育院校篮球联赛(SCBA),才觉得在表面上稍微有点记者的样了。赛事持续一周,下课后就抱着摄像机蹲在场地一上午或一下午,结束后跟着去办公室选照片,第一次尝试着采访,本子上的问题看了一遍又一遍,生怕开口说不出话,晚上趴在电脑前琢磨着怎样把采访稿写得不那么生疏,这一周是真真切切体会到了做一个记者的感觉,辛苦是辛苦,忙碌是忙碌,但甘之如饴,畅快无比。

但又隐隐觉得并不是如此。“真实、有效、准确、客观、公正”,看似简单的几个字,实际并不简单。SCBA 最后一场冠军争夺赛,我校对阵山西大学,坐在场下激动无比,喉咙也几乎嘶哑,眼看着自家队伍痛失冠军,怎么也打不起精神去采访别人。仅仅一个客观我都没有做到。柴静写道:作为一个记者通往人心之路是如此艰难,因此你要付出自己的生命才能得到他人的信任,但又必须在真相面前放下普通人的情感,在这个职业中我愿意倾其所有,但是作为一个人我是如此不安。唯有置身其中才能感同身受,唯有感同身受才能真正升华到客观真实。

前天翻开了《看见》,我没办法一次把它看完,就像我没有办法控制自己的情绪,每一句话都是对灵魂的拷问 ,每看完一章久久不能平息,我不知道这种感情是什么,它太过于复杂,以至于找不到一个合适的词来形容。甚至比爱情还要磨人,让我难过,使人痛苦,却找不到源头,问不到答案。

于是试着扔掉所有的主观意识,以一个旁观者的角度重新认识自己,我看见我像很多人一样把无知当作天真,把冷漠当作独善其身的借口,不去观察、不做思考地随波逐流。曾经信奉一句话,推动这个世界前行的只是一少部分人,他们往往有坚定的信仰和为之付出一切的勇气,我们在时间的洪流中做个普通人就好了。此刻我想问:我为什么不能有坚定的信仰,能够认识到自己的渺小,却愿意拿出自己的热情来承担一份责任?我们每个人都是世界的一部分,更何况是一名记者。

书我还没有看完,新闻、知识、行业、社会,这其中还有太多的事需要我去探究去思考,这是一个记者该有的敏感和自觉。也许我开始有了答案,做一个记者,有多复杂,就有多简单,就有多纯粹。

最后脑海中仅剩了鲁迅先生的一句话:无穷的远方,无数的人们,都和我有关。

我的山体记忆

于 勇

“为什么想加入记者团影像部?”

“因为我喜欢摄影。”

没想到就这样,单纯而真挚的回答让我成功加入了记者团影像部,更没想到这一待就是三年。还记得,刚加入这个组织时,什么都不会,什么都不懂,怀着期待羞涩的小心情参加了记者团的第一次例会。讲台上,老师正在讲与这个组织有关的事,我紧张而又小心翼翼地抬起头注视着讲台上的老师,心想,我什么时候也能跟她一样站在讲台上说得这么从容大气啊。

之后,我就参加了师哥师姐组织的摄影基础培训,我记得当初问的第一个问题是:“师哥,这个相机怎么拿啊?”

记者团里,师姐们都很和蔼,元旦节还特意买了一堆零食与我们新团员坐在一起聊着各种生活趣事。

这样回忆起来,大一时候的活动并不多。在大一最后一次的记者团例会上,正在考虑还要不要继续留下的时候,我听见有人在喊:“于勇,谁是于勇?”我惊慌失措地站起来,战战兢兢地回答:“老师,我,我是于勇。”老师笑着说:“哦,原来是女生啊。”就这样,我留下来了!当初的我肯定没有想到三年后的于勇,会如此感谢自己做的决定。

一年后,我已经成为大二学姐,与此同时,记者团这个组织也逐渐成长起来,活动越来越多,我的生活也越来越丰富起来。

新学期开始,作为学姐,也要像我们的学姐那样培训新团员。还记得第一次给大一新生培训摄影基础知识,我花费了很长的时间精心备课,那天讲得很顺利但也很紧张,但总是有进步的,毕竟我抓住了一次上台讲课的机会。

之后,面对如暴风雨一样扑面而来的各种活动,我不知所措过。但总会尝试着尽力去组织好每一次活动,给新团员一次又一次开会安排任务。渐渐的,上台发言不再是一件困难的事情，而变成了一种常态。其中印象最深刻的是，2017 年全国体育院校篮球联赛期间，持续将近一个月的拍摄活动不曾间断，开始的一周我们总是在各种问题上犯各种错误，如照片质量，照片大小，挑选照片。我们也是在一次一次犯错中成长，在一次一次的批评中总结经验，最终一切都自然而然地变得熟练，一切都在潜移默化中得到成长。

又过了一年，我已经成为骨灰级别的大三师姐，那些刚开始什么都不懂的大一新生，也在记者团中成长起来。

我再一次地走上了讲台，给新的团员培训摄影基础知识，这一次走上讲台，我挥洒自如地讲解着摄影知识，还有各种实践经验，我享受着在讲台的每一分钟，这种快乐无法用语言描述。

更加幸运的是，学校迎接教育部本科审核评估期间，我得到了去日照跟随专家拍照的机会，我应该是我们专业第一个有机会去日照实践的女生，我兴奋又骄傲。其间，我每天都要忙到凌晨，有时甚至忙到忘记吃饭，但我也感受到了忙碌的魅力，体会到了成功的满足。尤其是最后画册做出来的时候，真的觉得一切努力都值得。

从日照回来以后，接着就是教师资格证考试。紧张？根本不存在。经历一次又一次的实践锻炼后，紧张在我这早就不复存在了。恭喜那个连抬头看老师都不敢的小姑娘成功地蜕变成了可以扛着四五个机器到处窜的女汉子。

很快，毕业季到来了，我们开始欢送大四的师哥师姐，我静静地坐在那，听老师讲这个组织且与我有关的历史事件，满是回忆和自豪！

今天，我拿着山东省高等学校校报研究会发来的荣誉证书，回忆着这三年的光阴，感觉自己无比幸运，幸运地进入这个组织，幸运地能有这么多的机会，更幸运的是遇到了如此和蔼可亲的老师。刘蕾老师总是很温柔地安排着工作的任务，钱芳老师总会很有远见地指导着工作的进行，所以即使工作忙碌也没有感到过重重的压力，即使工作繁多也没有想过牢骚抱怨。

感谢这三年，感谢这三年中记者团的一切！

我爱山体

徐梦妍

渐渐地，随着时间的推移，山体悄悄地成长了，一转眼就是六十年。六十年，可以让幼稚的孩童蜕变成沉淀着岁月痕迹的花甲老人；六十年，可以让一个城市发生翻天覆地的变化。然而，六十年，对于山体又意味着什么呢？

在岁月的流淌下，她有了春的和煦温暖，有了夏的热情灿烂，有了秋的略微成熟，却从来没有冬的冷酷严寒。无论何时，山体总是慈祥和蔼地张开她的怀抱，等待着一众学子的到来。六十年，就在无声的叹息和笑容中来来去去多少人，多少人会骄傲地说一声，我的母校是山体。山体仿佛有一双温柔的大手，为每一个山体的学子插上腾飞的翅膀，让他们都能在梦想的蓝天自由翱翔。

在那个略带炎热的九月，我们都义无反顾地投入了山东体育学院的怀抱。这所学校，就这样充实着我们的生命。这时候的山体正是蓬勃的青壮年时期，不断地成长，不断地进步。这样的校园充满着青春的气息，充满着拼搏的冲劲。这样年轻的院校，用它固有的激情，渲染得济济一堂的学子洋溢着斑斓的颜色。这样年轻的院校，伴着它自身的拼搏，感动得莘莘学子充满着努力的拼劲。

花开花落，几度寒暑。六十年时光，弹指一挥。月满月亏，潮涨潮落，六十年成长，岁月章回。来山体的日子不长，但这里洋溢着我的喜怒哀乐，充斥着我的成败得失。蓦然回首，我惊奇地发现，山体已成为我生命中的另一个家，另一个感情的归宿。校训“坚卓竞远”、校风“严勤创实”让我们告别平庸，让我们迈向成功，激励我们前进，让我们在敬重中种下梦想，在认真中实现梦想。这是山体人的北斗，寻找正确的方向；是山体人的指南针，指明正确方向；是山体人的灯塔，照亮整个大山体。

在我心里，山体是像父亲一样有着强壮的可以庇护儿女的臂膀的学校，像母亲一样有着温婉的可以湿润干涸心灵的柔情的学校。其严肃认真的治学态度，让我想起严格的父亲，而对学子们饱含深情的佑护又像慈祥善良的母亲，这样的学校,谁会不爱?

这样的山体,即将迎来她的六十岁生日,我真心的祝愿她能够像大鹏一样在广阔的天空展翅飞翔!前进中的山东体育学院定能不负众望,如夜明珠般散发出耀眼夺目的光芒。

晚　风

潘高翥

夏风习习，白云飘飘。

正是高考时间。外出时公交车被堵在了某一高考考点，不觉得回想起自己高考的那个夏季。“绿柳荫浓夏日长”，而那个夏日却是那么的局促和短暂，局促得让人在紧张忙碌中忽略了昼夜的更替，短暂得让人觉得那只是一场梦，还未看得仔细，却已梦醒。每天都是在题山书海中为了自己的梦想苦苦奋斗着，有时也会苦闷也会无聊，还好有那一缕晚风带来丝丝的舒适。

记得最喜欢晚自习中间休息时，一群人趴在过道走廊的栏杆上，吹吹晚风，谈谈心放松下心情。放学时，骑着单车飞驰在回家的路上，夜已黑得深沉，路上车辆很少，让人感觉整条路、甚至整个世界都只属于我一个人。城市的晚风从耳边匆匆而过，吹疼了双眼，却安稳了内心。

高考的脚步是那样轻，猛地抬头，她正微笑着向我招手。怀着期许步入考场，自信的步伐不为今日只为远方。考后的假期，看似漫长，分明是更加急促的夏日。等成绩、报志愿、领通知，和着耳边聒噪的蝉鸣，让人没有丝毫闲适和宁静。然而这所有，又似乎一气呵成，又似乎理所当然。还好有城市的晚风相伴，在我烦闷的时候带给我一丝安静。就这样在期许和顾盼中，乱了时光，慌了流年，惊醒了碎梦，也送走了那恼人的蝉鸣。

直到收拾起了行囊，才猛地警醒，自己将要离开熟悉的环境亲切的家人独自远行，到一个陌生的地方。远行的列车已经开动，怀着希望和激动，细细地规划着自己的人生和未来的生活，怀着誓言，微笑着和那缕熟悉的风说一句再见。

如今，我在新的城市追忆着那时的故事。在大学的日子，有时也会偷懒，有时也会迷惘，有时也会玩到很晚，也会在课上顾盼忘了听课。可最后分明有一种对青春的亵渎、对人生不负责的愧疚提醒着我，别忘了曾经的誓言，曾经的梦想。时光就像那城市的晚风，虽然安稳，却稍纵即逝，逝去即是失去。

于是为了那即将逝去的青春，为了那曾经炙热的六月，为了不让梦想破灭，为了不让誓言落空，我收起散漫的心，重新打起精神，迈步前行，追寻心中那缕晚风，开拓属于自己的未来。

落红不是无情物　化作春泥更护花

苑腾飞

人民教师,一个伟大而无私的称号,像普罗米修斯带来的一颗火种,点燃学子心中的理想,像一股清澈的流泉,流过密林山野,淌过深沟浅滩,永不干涸。

清代诗人龚自珍的《己亥杂诗》说道:“落红不是无情物,化作春泥更护花。”老师便像那飘落的花红,化作了春泥养育着一代又一代的学子。谆谆教导,孜孜不倦。不仅充实我们的知识,更方正我们的品格。

斯大林同志曾说过:“教师是人类灵魂的工程师。”一个极其高度的评价,但是,我觉得仍然不能涵盖出教师的价值。老师,用他意志的血液和拼搏的汗水酿成琼浆,历久弥香。老师用他的铿锵精神为我们的身心灌注了新鲜的血液。此刻一句“落红不是无情物,化作春泥更护花”,让我们知道,原来,尘世间的最美并非是那争奇斗艳的百花,而是那诲人不倦,默默无闻的耕耘者。

曾几何时,我也是一位人民教师的孩子。母亲对她的学生们很好,每天放学她的自行车后面坐的从来不是我,那时我只有八岁,一直不理解母亲,为什么她对别人比对我还好。有一次母亲回家看到我在沙发上睡着了,叫醒我,问我吃饭了没有?我说我不会做饭怎么吃,母亲心疼地摸着我的头,然而我却说出了第一次让母亲流泪的话。我说:“你对你的学生比对你的儿子都好,到底我是你的儿子还是别人是你的儿子,我做你的儿子还不如做你的学生呢!”母亲流着眼泪对我说:“孩子,妈妈是做老师的,妈妈得对得起自己的良心,妈妈得对得起人民教师这个伟大的称号,我疼我的学生,但是我更疼我的儿子,如果你都不能理解妈妈,那天底下还有谁能理解妈妈?”

等到我长大了,懂事了,才明白:不是所有的鲜花都能代表爱,唯有玫瑰做到了;不是所有的山峰都象征着伟大,唯有珠穆朗玛做到了;不是所有的人都可以被比作父亲母亲,只有站在这三尺讲台上的人民教师做到了。

老师,一个神圣的名词,把人生奋斗的列车接入正轨。老师,一盏引航的灯塔,把拼搏向上的莘莘学子带进理想的殿堂。花开花落,云卷云舒,多少个寒窗苦读的春秋,有您的身影。多少个艰难困苦的日子,有您的陪伴。

西方有句谚语这样说道:幸福是因为有一颗感恩的心。感恩是一种文化素养,一种生活态度,更是一种思想境界。花红飘落,是因为它感恩大地的滋养。白云悠悠,是因为他感恩蓝天的哺育。常怀一颗感恩的心,生活才能更加充实,更加美好。

夜静深思,耳边不觉又回荡起了龚自珍先生的佳作:"浩荡离愁白日斜,吟鞭东指即天涯。落红不是无情物,化作春泥更护花。"

海阔凭鱼跃

赵 娜

算不上华丽的转身,但总归迈入了大学的校门;算不上最好的期待,仍庆幸承载满满的梦想。

没有某种相遇是平白无故的,茫茫人海之中,恰巧相识相知了此刻的人,来到了彼此陌生的地方,又怎么不是一种缘分?既是缘,则惜之。我总是这样对自己说。近二十年的时光静悄悄在指缝间溜走,伴随着年年的花开花落、云卷云舒,我已经迎来了四年的大学时光。大学为"大",如一眼难尽的海洋,补给着鱼儿各种的能量,供鱼儿跳跃的宽阔空间。如此大的舞台,深埋的梦想蠢蠢欲动,遍遍敲击我的心窗,想要喷薄释放。

我知道,知道自己目前的实力实现不了心中的梦想,承受的磨砺不足以让它健康成长,我爱恋地望着它,抚摸着它的身体,它便如小魔兽伏到母亲怀下安顺下来。当力量撑不起梦想的时候,也就是该做些努力的时候。

目标长存。目标是种索引力,会引导你在迷雾中走向正确的方向。它如灯塔,温暖了航途上寂寞的心灵,散发的光芒让我前行一步,再前行一步。

执念长居。古人常说:锲而舍之,朽木不折;锲而不舍,金石可镂。既然已经踏上征途,那么就该朝着目标走下去。"涓滴之水终可以磨损大石,不是由于它的力量强大,而是由于昼夜不舍的滴坠。"时间往往是最能改变人的东西,梦想的追逐往往不是短暂的概念,面对冲击,仍要积跬步而至千里,积小流而成江海。

力行长在。我常神游在世界的各个角落,脑中所想心中所念是那么美妙奇异。醒来,方知一切皆为虚幻。曾有人说,美丽的情感加一起也比不上值得敬佩的举动,这便是力行的魅力所在了吧!

目标是向,执念是心,力行则是实践。梦想的绚丽多姿要以行动支撑,现实是此岸,理想是彼岸,中间是海阔天空,行动架起通向理想的桥梁吧!

SCBA 赛场最好的我们

朱慧霞

We can do all things, we are all warriors!

在这里,我们可以做到一切,我们都是最顽强的勇士!

今年是作为学生记者跟踪报道全国体育院校篮球联赛(SCBA)的第二年,两年的篮球联赛报道经历,早就让我对 SCBA 有了不一样的情感。这两年,由跟踪报道的参与者成长为组织者,在赛场上见证了记者团小伙伴们的成长,也在赛场上见证了球员们的新老交替,我们都在这里成长,变成最好的自己。

从 2016 年到 2018 年,全国体育院校篮球联赛已经举办了 3 届,但每一届比赛的场景仍如在昨日。我记得第一届联赛天津体院主力球员受伤后的懊恼,记得山东体院夺冠后的掌声雷动,记得第二届联赛西安体院加时赛的压哨三分,记得第三届总决赛的惊心动魄……

而今年的 SCBA 比以往要晚一些,也比以往的比赛更精彩,因为这里是全国总决赛的赛场,这里的球员是各个体院和综合大学的精英。他们经过分区赛的层层考验,最终站在了更高的舞台上。

六月底的篮球馆,就好像进了桑拿馆一样,就算是坐在观众席,不一会儿也能汗流浃背。五个比赛日,我们学生记者同球员一样天天泡在篮球馆内,感受每一场比赛带给我们的精彩,享受着赛后采访的每一个瞬间。我惊叹于山西大学拼命的防守,也感叹于宁波大学华丽的进攻,还有上海体院永不言弃的精神……

每次比赛过后,我都会跟着当场值班的学生记者去采访。我记得他们第一次采访失利队伍被误解的委屈,记得他们采访自己喜欢的球员时的激动,记得他们每次因为采访拍摄任务而放弃的课余活动……

说到采访,每场比赛都需要去准备不同的采访方案,比赛总会有输赢,总会有揪心的那一刻。记得西安体院对阵重庆师范大学的那一场比赛结束,学生记者去采访获胜队伍西安体院的教练和球员。我在旁边默默地观察着他们的采访以及我前一天刚刚采访过的重庆师范大学的教练和球员，当看到重庆师范队的球员坐在休息区注视着我们这边的一切，当和教练员球员有眼神交流的那一刻，我只能慌张地躲开他们的视线，我确信他们是对我有印象的，但我此刻不能站在他们身旁给他们鼓励，分担他们沮丧的情绪。这样的时刻很让人神伤。

6 月 28 日下午，在山东体育学院险胜宁波大学的半决赛赛场上，我一度把这场比赛当作总决赛来看。它的精彩程度并不亚于去年山东体院对阵广州体院的冠亚军战。看着他们一次次的组织进攻，拼抢下每一个篮板，一次次地追平比分，就会不自觉地为他们呐喊，给他们加油。

29 号冠军争夺战，山东体院以 3 分之差憾负山西大学，我记得他们拼尽全力后比赛结束时躺在地上的模样，记得教练湿红的眼眶，记得每一个人的黯然神伤。但比赛中，每一个队员都以最好的自己去拼，去战斗，记不清比赛中有多少次追平比分，即使遗憾地输掉比赛，他们也是山体的勇士，山体的骄傲。3 号黄飞翔、4 号张誉瀚、7 号周楠、8 号赵昱皓、9 号金阔、10 号王祎、11 号李玮峰、29 号华田……以及天津赛区表现强势却因伤不能参加总决赛的 30 号聂天成，他们都是山体最顽强的勇士。

连续两届的总决赛我都在现场，不管是球员也好，学生记者也好，我们都在这个舞台上向大家展示最精彩的时刻。在这里，我们终将成为最顽强的勇士，变成最好的自己。

梦触·悸动

张　玲

凉凉夏夜,没有了燥热的阳光,没有了喧嚣的空气,没有了烦躁的思维,在此刻,享受着属于自己的那份宁静,那份温柔,那个一直扎根于心里的梦。

晚上,走出自习室,走出教学楼,爽人心脾的晚风轻抚脸庞,感到无比的轻松和自然,不由得调整脸上的每一寸肌肤,略理发梢,接受这夏夜给予我的这份礼物。突然感觉,自己还是那个有笑有泪有生活、更有梦的女孩,只是平时忙着每天的生活,没有去触碰自己,没有去感受那个属于自己的梦,那个属于自己的承诺。

站在教学楼下,环视周围的每栋教学楼,看到每个自习室的光亮,每个灯光,灯光里的每一个人,都在用心地书写自己的梦,仔细阅读着知识的符点,搭建追梦的阶梯,完成对自己的承诺,不让自己愧对人生,愧对自己小小的心脏里那大大的梦想。

微风轻推我前进的脚步,站在宿舍楼的阳台上,不忍丢下这宁静的夜,所以梦倚栏杆,欣赏这大自然的惬意与销魂。

我的眼神走出了我的视线,看到我深埋在心里的梦。

想想自己的过去,想想自己的现在,想想自己的未来。好像什么都遥不可及,但是我的路有梦引领。纵使路上会有各种各样的意外,我也会调整前进的方向。"人生没有彩排,每一天都是现场直播,没有重拍,没有剪辑。"我们是自己那部戏的主角,怎样安排剧情,我们可以主宰。就算换环境,我们也要做到会更好地安排这场戏。

静静地,批评着自己,鼓励着自己,不会感觉社会残酷,只是自己还没真正认识这个社会,没有让自己变得更强,我相信,我可以做到,我的倔倔的小脾气给我前进的动力,给我向前闯的魄力。

我的梦,舒展在这凉凉的夜里,我相信她会在未来的星空里绽放光彩。

梦触夏夜,感受这悸动。

匆匆那年　忽而今夏

薛　杰

又是一年毕业季,又是一个离别时。你总说毕业遥遥无期,转眼就各奔东西。当看见穿着学士服的师哥师姐们从校园走过时,我的思绪不禁飞回那些年,回到那段纯真而又年少轻狂的日子。

高中生活大概是紫色的,像一条用试卷铺成的笔直的路,路的尽头是大学。没错,高三,比的就是一群人的孤独,而一张红红的录取通知书才是最有力的奖励。当时写在记事本里的话还历历在目:“不为自己收到理想通知书时得到那些曾看轻自己的人的惊异目光,也不为当大人们问起我考上哪个大学时可以自豪的应答。而是为了不在最美丽的年纪因为害怕辛苦而变得沉沦,而被淹没,更不想做一个连努力都做不到的人,一个连自己想要得到的都因为自己的不努力而只能去想象的人。”

大概经历过高考的人都能懂得这份坚持,只是故事的发展总有些意外,阴差阳错下,我又将黑色高三经历了一遍。有很多人问我为什么,我想说,因为不甘心看着周围的同学们拿着录取通知书去读自己喜欢的专业,而自己却只能在一所普本读一个自己毫无兴趣的东西。所以,我又在 138 人没有空调的大教室里度过了 365 个日日夜夜,开始了一段未知结局的冒险。这一年,多少次差点就要放弃:解不出的立体几何与圆锥曲线试题被揉碎在垃圾桶里无数次,又无奈地再捡起;课堂上困到双眼睁不开而被盟友扭红的伤疤现在也还在吧;夜里挑灯夜战的那个小手电至今放在抽屉里也还没舍得扔呢……或许,再大的酸楚到了别人那里也只是个故事。我依旧要感谢那时没有放弃的自己,付出全心全意做一件事并坚持到最后,这才是青春的真正意义。

张爱玲说:“时间永远是旁观者,所有的过程和结果都需要我们自己承担。”的确如此,我们一生中跌跌撞撞,总要去经历众多不同的时刻,遇见美好,遭受苦难,才得以完整。最难得到的金牌总会有得主,炎热难熬的夏天也总会过去。来到山体之后，我理解了“阴差阳错比如愿以偿更让人成长”这句话的含义。

新生军训、日常上课、参加学生会、加入校园广播站、记者团……一切的一切都使自己的大学生活那么充实有趣。仔细回想自己从刚开始拍照、写稿、录像、上麦甚至主持时的惊惶无措，到现在的运用自如，很感谢学长学姐以及老师朋友们的悉心帮助，更感谢自己一路上的坚持。直到现在，只要想到我欠缺的地方才是需要锻炼与成长的，还是会硬着头皮迎难而上。人生中许多时候，我们都是在一步步突破与挑战中度过的，我们悄然变化，向阳而生，寂静成长。

前几天一直在认真观看毕业生们拍毕业照的点滴瞬间，我想，在摁下相机快门的那一刻，无论他们有多么不舍，多么难过，笑着互道珍重将是自己最后的选择吧。毕业以后，再也没有上课铃声响起，再也没有舍友帮你带的蛋炒饭和黄焖鸡，再也没有对于老师点名的恐惧，再也没有期末考试前的通宵达旦，再也没有回宿舍前的销假和门禁，再也没有一去不复返的青春……然而，不会忘记的是一起宿醉、一起欢呼、一起痛哭、一起走过的日子。

四年的时间，说长不长，说短不短。用这四年时间，有人学会了独处，有人学会了交际，有人学会了微积分，有人找到了自己生命中最重要的那个人，也有人满心遗憾，四年过去，只是徒增了岁月的痕迹。但在我看来，如果说初中是懵懂的粉红色，高中是忙碌的紫色，那么大学就是真真切切属于自己的彩色青春。我们忙着认识自己，寻找自己，修炼自己，同时成为更好的自己。我想说，只要你努力过，认真过，山体的这段岁月，就是最美的。

不悔梦归处，只恨太匆匆。青春只有一次，人生没有彩排，送走了大四的师哥师姐们之后，我也不再是那个不谙人事的大一新生了。我会记住师哥师姐们的叮咛与嘱咐，把在山体的每一天都过得不留遗憾，希望三年以后，在踏出山体校门的那一刹那，我可以坦然地说一句：“山体，我爱您，谢谢您，我相信再见的那一天，我一定会变得更加美好！”

人生路漫漫，
愿你如诗，
走出半生，
归来仍是少年！

与你的 60 年

周　航

韶光流转,盛世如约。在这风轻拂、叶飘荡的季节里,山东体育学院迎来建校六十周年华诞。六十周年,是山体承前启后、继往开来的里程碑,是山体团结奋进、再创辉煌的新起点,是山体凝心聚智、彰显风范的新契机!

我来到山体只有两年,短短两年,我见证了山体的快速发展,见证了山体一次又一次的进步。从在全国体育院校排名靠后到名列前茅,从普通体育院校到国家篮球学院和国家足球学院两大殊荣,从默默无闻到 SCBA、大学生足球联赛、国际机器人大赛等各种大型赛事在山体举办,山体的实力与日俱增!这无疑令每个山体学子感到自豪,山体的强大也更激励我们更高、更快、更强!

山体这个无数喜欢运动、热爱体育的学子洒下汗与血的地方,你是满载希望的帆船,你是技能与知识的殿堂。你能前进一分,我们就能更进一步;我们更进一步,你便可以更攀高峰。

每当清晨赖床、训练无法坚持、学习太累时,便想起山体“坚卓竞远”的校训和“严勤创实”校风,我的懒惰、疲惫便荡然无存,为了给山体增添哪怕是微薄的光彩,我也会战胜一切懦弱。

山体自建校六十年以来,风雨兼程,勇往直前。多少年来,老师们努力为我们提供训练、学习的良好环境,任我们在知识的海洋徜徉;多少年来,山体像摆渡的船夫,把一代又一代学生从起点渡到知识河流的彼岸,年复一年,无惧风雨。

今天我们为是山体人而骄傲,明天山体为我们而自豪。我们要用自己的责任和义务去完善自己,去施展才华,去绽放青春,去演绎年轻的朝气!把一颗爱校之心聚集,去照耀我们年轻的梦想。

让我们带着年轻与梦想一起飞,当多年之后再回首时,会发现这里就是我们梦想绽放的地方,我们美丽的大学——山东体育学院!

师恩如山 师情似海

刘懿楠

无论是从咿呀学语到口若悬河，还是从蹒跚学步到大步流星，成长过程中的每一次蜕变，都缺少不了老师这一角色。有人把老师比作蜡烛，燃烧自己，照亮别人；也有人将老师视为园丁，辛苦操劳，用知识浇溉我们；更有人说老师是蜜蜂、是大树、是明灯……而在我心中，无论将老师如何比喻，都是令我尊敬的师长。

师之本，在于传道、授业、解惑。教师须要具备爱心、耐心与责任心，才会做好本职，成为名副其实的师者。一名好老师可以成为学生灵魂的工程师。每个人的长大都是从最初离开父母的庇护去接触新的环境开始，每个人都是在老师的陪伴、引导和保护中成长，甚至，与老师们相处的时间远超于家人陪伴的时间。老师的言传身教影响学生的为人处世，甚至影响一生。或许是自小奶奶的教师身份对我的耳濡目染，或许是因为对老师们的感激，又或许因为教师工作的神圣，我对教师这份职业有着特殊的情感，一度想成为一名人民教师。但种种原因，只能放弃这个想法。从那时起，当老师就真的成了我年少时的梦。

我非常感激指引我不断进步并努力行进的老师们，虽然我只是他们莘莘学子中的一员，但他们于我却在生命中留下了浓墨重彩的一笔。每当离开对我恩情似海的老师时，心中总是万千感慨。一张照片，一句惜别，师生情谊长存，谆谆教诲牢记，生活变得更加有厚度。

感谢一路走来所有陪伴过我的老师，敬祝所有的老师们桃李满天，康乐如意！

美丽的校园生活

张慧昕

2017 年 9 月，伴着和煦的秋风，我踏入了大学的校门，成为一名新生。我看到了校园里假山上流淌不息、飞流而下的水幕，我看到道路旁耸立着的郁郁葱葱的树木，看到了盛开的多姿多彩的繁花。一位位师哥师姐带领我们参观校园，向我们讲解校园的故事；带我领生活用品，帮我将沉重的被褥抬上五楼并将被褥铺好。我的内心是激动的，一股暖流涌入心头。

在山体第二个月，学校进行了学生会纳新和社团纳新活动。而学生会入会时的场景仍然清楚地浮现在眼前。记得学生会入会要经过笔试和面试，面试的时候，我见到师哥师姐穿着西服很严肃地看着我时，脑子一片空白，身体微微颤抖，准备好的词也全忘了。只是他们问一句我答一句。现在想来，当时真的是很幼稚。

学生会给了我很多锻炼自己的机会。组织活动时，我们一起布置会场。虽然工作量繁重，但当看到老师和同学们欣喜的笑脸时，我们心里总是很欣慰。拍照、选照片、写稿、推微信，这些工作让我们的课余生活变得丰富多彩，我们因此觉得充实而快乐。学校的活动丰富多彩，我收获了很多：辩论会让我们思维更加敏捷，影评课让我们思考人生，交流会进行心与心的沟通，定向越野中体味了团结的力量，运动会上展示着青春奋进的风采。

我的大学生活充实而快乐，不知不觉中自己慢慢变得成熟。山东体育学院给了我知识，给了我爱，我同样将爱献给山东体育学院。

我爱您，山东体育学院！

六十年　爱不变

裴心怡

六十年，幼稚的孩童蜕变成沉淀着岁月痕迹的花甲老人；六十年，时代发生翻天覆地的变化；六十年，山东体育学院桃李芬芳，硕果累累，风采盎然。

海不辞水，故能成其大。山体，您用您那宽广的胸怀接纳学生，给予我们知识和养料，让我们不断茁壮成长。我们在您的关怀指导下找到自己的人生方向，为美丽的梦想打拼，为美好的明天努力。我们很想在您六十岁生日到来时说一声：谢谢您！

六十岁，您依旧美丽，依旧朝气蓬勃。六十年来，您历经风风雨雨，创造了一个又一个辉煌，竖起了一个又一个丰碑。六十载薪火传承，山东体育学院是一片智慧的沃土，一盏不灭的烛灯，桃李天下是您不懈努力的回报。每一个心灵都有属于自己的梦想，每一个梦想都有属于自己的天空。在这一片蔚蓝的天空，充盈着阳光和希望，为无数心灵托起飞翔的翅膀。作为知识的神圣殿堂，文化的传播、人格的塑造，激励着莘莘学子不断探索、不断拼搏。严谨的教风和务实的学风熏陶了一代又一代学子，知识之花在这里盛开，人格魅力在这里绽放，学子们的未来也在这里开启。

岁月的变迁中，有春的和煦温暖，有夏的热情灿烂，有秋的丰实成熟，也有冬的冷酷严寒。大学四年，学子在校园的春秋轮回中，学习、锻炼、进步、成长。山体张开怀抱迎接新学子的到来，挥手送走毕业生，在云卷云舒中抚慰每一个学子的心灵，为每一个学子插上了腾飞的翅膀，让他们在梦想的蓝天自由翱翔。

未来的某一天，我们也将走出校园，足迹会遍布祖国山河，身负青年一代的使命，不负母校的期望。但无论走到哪里，无论何时何地，我们都不会忘记山体，不会忘记母校。在山体的四年时光，终将成为一生中永远不能忘却的记忆。

母校　生日快乐

张庆格

物换星移,时序更替。六十年风雨沧桑,六十年薪火相传,2018 年,学院将迎来建校 60 华诞。作为一名学生,我真诚的祝福母校:生日快乐!

六十年,山体从稚嫩到成熟;六十年,山体不断丰实羽翼;六十年,山体桃李天下。学校像一个父亲一样庇护着学生,像一个母亲一样温暖着学生。六十年的风风雨雨,她创造了一个又一个的辉煌,书写了一个又一个传说,追求不止,奋进不止,到今天硕果累累,成绩斐然。

从去年暑假高考后填写志愿书,到现在入学,已经大半个学期过去了。我依稀记得等待录取通知书的煎熬过程,每天重复着刷新网页,看通知书的进度。当拿到山东体育学院的录取通知书时,我是多么地激动。现在在学校里,在老师的指导下学习、生活,与同学一起活动、一起交流,每天被温暖包围着,被求知的兴奋激励着,快乐而幸福。学校就像另一个家,是我温暖的港湾,是我成长的摇篮。我感受到学校老师和同学的爱,更加庆幸选择了这个学校。

回眸甲子之间,卓越不凡。山东体育学院走过了脚踏实地、诲人不倦的六十年,走过了孜孜不倦、锲而不舍的六十年。山东体育学院是我们梦想的天空,在这一片天空上,莘莘学子不断探索、不断拼搏、不断成长。今天,让我们致敬母校,祝福母校的明天更加灿烂辉煌!

彼岸·追梦

孙雪琳

告别日夜依偎的家乡,背起行囊奔赴远方,远方的路是否平坦,远方的人是否如常,我不知,迷茫无助充斥心扉。想起父母离别前夕的彻夜长谈,嘱咐叮咛,突然有种背井离乡,漂泊于外的孤独之感,泪也无声地滑落脸颊。但既然自己选择了这条路,哪怕泥泞不堪,荆棘遍布,跪着也要走完。

日思夜盼,终于来到了你的身旁,清晨的你,笼罩在一层薄雾之中,朦胧精美。我曾在梦中幻想过你千万次,却终不如这一次眼见为实来得真切,你的美难以言喻。想到将与你在这里度过人生中最难忘、最充实的四年,甚至更长的时光,我迷离了。我将如何规划与你的点滴,不虚度、不浪费自己的青春呢?埋藏于内心泥土中的那个梦想,又是否会生根茁长,绚烂于蓝天之下。我期待梦想,破茧而出的耀眼光芒。

三毛曾说过:"心之如何,有似万丈迷津,遥亘千里,其中并无舟子可以渡人,除了自渡,他人爱莫能助。"追梦之路,因人而异。与其模仿他人,成为附属,不如独辟蹊径,活得与众不同。我不求名留青史,但求独一无二的自己。时间如流水,刹那芳华逝。首先我们必须要有时间观念,不能因为身在大学而对自己稍加懈怠。合理安排时间,使自己的分分秒秒都过得有价值。其次也要丰富生活,广交朋友,培养兴趣。读书不是苦读,而是精读,这样才能丰富我们的知识面。放松不是懒散而是劳逸结合,这样才更有利于身心健康。

叛逆,因为不成熟;成熟,因为有经历。经历会让我们变得更加强韧,心胸也会更加宽广。人生应当看清、看透、不看破。对待人生,应是尊敬;对待梦想,应是谦卑。人生最宝贵的不是你身边的物质,而是你拥有梦想,并为之坚持奋斗。

彼岸之花所以明艳,因为它接受过雨的洗礼、风的问候,最后才得到阳光的青睐。

梦想起飞

王美淇

在时光的流淌中,我已经在这个承载我梦想的校园里度过快一年的时间了,在这里,我追求着我生命中动人的章节,谱写出自己走向成熟的小调。而在蓦然回首中,我惊奇地发现,这里已经成了我生命中另一个重要的地方,许多种情感在心中荡漾……

依然清晰地记得走入这里的第一感受:全新的教学区、宽阔的甬道、嫩青的草坪……一切都充满了年轻的活力和生机。学校给我留下的另一个感觉就是大!记得刚开始的时候,最怕的就是自己去上课。偌大的校园,一脸的茫然,却找不到上课的地方,而今想想那份纯真的感觉,依旧觉得温暖。现在校园的一切都变得熟悉了,好多的地方都留下了我的足迹——或者快乐,或者忧伤。

也许是因为是新校区,所以文化底蕴与别的学校有些差距,但是徜徉在这里,依旧可以感受到一种别样的韵味。我很喜欢学校的操场,操场很大,特别是在盛夏的季节里。我喜欢在落日的余晖中,一个人仰望校园的天空。那时喧闹了一天的校园也静下来了,太阳也慢慢地收敛热情,一切都是那样的静谧……深蓝色的天空也慢慢变浅,袅袅婷婷,绰绰约约,光和影有着不同的旋律,朦胧中露出些清丽。用眼睛装满天空的蓝,心中是那样的心旷神怡。心情不是很好的时候,喜欢漫步在平滑的石板路上,路两旁开满了鲜花,空气中满是清新的气息和花香,漫过原本疲惫的心,释放着一种情怀。

课堂上,老师用他们最渊博的学识给我讲授着知识的内涵,让我们心中满载着无比充实的愉悦。图书馆是我们不可缺少的精神家园。没有课的时候,喜欢到那里去消磨时间,在文学库里,徜徉在古今中外的时光隧道中,摄取着文学殿堂的宝物;在社科库中,学会在沉思中寻觅哲理的深奥,然后用一种全新的感觉去充盈生活。心情慵懒的时候就到自修室去找一个靠窗的地方坐下,看着阳光射过透明玻璃的样子,耳边倾听着轻轻响起的沙沙笔声和哗哗的翻书声,在不知不觉中加入了这个队列中开始努力地学习。

在这里,我们学会了关爱。“轻轻地捧着你的脸,为你把眼泪擦干”,记得那个寒冷的冬日,师生们为了维系一个年轻的生命,自发地为患病女孩捐款的情景,冰冷的寒风肆意地飞舞,而我们的心里却有一股暖流在流淌……其实在我们目光不及的地方,有那么多的人在默默地关爱着我们。这或许就是生命的一种感动吧,而学校教给我的也许就是满怀感恩的心去面对生活、面对未来、面对周围的一切的一切。

带着年轻与梦想起飞,多年之后再回首时,就会发现这里是我们梦想绽放的地方,美丽的体院!